Anna Sophie Pietsch

111 Orte für Kinder im Ruhrgebiet, die man gesehen haben muss

111

emons:

Bibliographische Informationen der Deutschen Nationalbibliothek
Die Deutsche Nationalbibliothek verzeichnet diese Publikation in der Deutschen Nationalbibliografie; detaillierte bibliografische Daten sind im Internet über http://dnb.d-nb.e abrufbar.

MIX
Papier aus verantwortungsvollen Quellen
FSC www.fsc.org FSC® C043106

© der Fotografien: Anna Sophie Pietsch, außer: Ort 4: © Bochumer Veranstaltungs-GmbH; Ort 6: © Planetarium Bochum; Ort 13: © Stephan Sagurna; Ort 30: © sweetSixteen-Kino; Ort 32: © Edi Szekely; Ort 40: © Julian Baumann; Ort 41: © Udo Wagener; Ort 50: © KOM'MA Theater; Ort 54: © Sven Lorenz; Ort 57: © Ruhr Museum/Andrea Kiesendahl; Ort 63: © Tim Schröder; Ort 65: © Matthias Duschner; Ort 71: © Kunstmuseum Gelsenkirchen; Ort 81: © LWL/Julia Gehrmann; Ort 84: © Circus Schnickschnack; Ort 85: © LWL/Christoph Kniel; Ort 88: © Spielezentrum Herne; Ort 92: © Grafschafter Musenhof; Ort 93: © Saskia Ketz; Ort 100: © Dirk Böttger; Ort 107: © Waldschule Cappenberg; Ort 108: © Karin Hessmann; Ort 111: © LWL-Industriemuseum/Annette Hudemann
© Covermotiv: Shutterstock.com/r.classen; Tobias Arhelger; Denis Moskvinov; photomaster; Inga Nielsen
Layout: Editorial Design & Artdirection, Conny Laue, Bochum, nach einem Konzept von Lübbeke | Naumann | Thoben und Nina Schäfer
Kartografie: altancicek.design, www.altancicek.de
Kartenbasisinformationen aus Openstreetmap, © OpenStreetMap-Mitwirkende, ODbL
Druck und Bindung: Grafisches Centrum Cuno, Calbe
Printed in Germany 2022
ISBN 978-3-7408-1603-2
Aktualisierte Neuauflage Januar 2022

VORWORT

Niemals werde ich das schockierte Gesicht jenes jungen Mannes vergessen, der auf Besuch im Ruhrgebiet war, um einen meiner langjährigsten Freunde zu besuchen. »Warum sind hier alle so nett?!« war seine erstaunte Frage, nachdem er seinen ersten Tag bei uns im Pott verbracht hatte. Ja, das ist eine gute Frage, und die Antwort lautet wohl einfach: Das ist Ruhrpottkultur!

Diese Kultur ist auch genau der Grund, warum die Recherche zu diesem Buch so unglaublich viel Spaß gemacht hat. Wenn man mit den meisten Menschen schnell per Du ist, wenn bei jeder Begegnung noch ein kleines Quätschken entsteht und man sich locker darüber austauscht, wo man selbst und wo der andere »wech kommt« – dann fühlt sich das einfach nach Zuhause an!

Nach einem Zuhause, das so vielfältig ist wie seine Menschen. Das sich immer weiterentwickelt, niemals stillsteht und so viele schöne, interessante, spannende und überraschende Orte anzubieten hat. Mit Kindern entdeckt man eine Region, die man zuvor zu kennen glaubte, ja ohnehin oft noch mal neu. Wenn man dann so eine riesige Auswahl hat, weil der Lebensraum, in dem man sich bewegt, so groß und bunt ist, dann ist das ein kleiner Luxus.

Entsprechend schwer war es, diese Auswahl an besonderen Orten für Kinder und Familien zu treffen, und wahrscheinlich könnte man übers Ruhrgebiet noch zehn solcher Bücher schreiben. Aber irgendwo muss man ja anfangen! Hier kommen also 111 Orte, die richtig Spaß machen und ganz bestimmt viele neue Ideen enthalten – für alle, die schon ewig hier leben oder erst seit Kurzem, und natürlich auch für alle, die bei uns zu Besuch sind.

111 ORTE

1_DAS BERGBAU-MUSEUM

Eine Zeitreise durch die Bergbaugeschichte

Ruhrgebietsromantik gibt's hier nur wenig, denn das Deutsche Bergbau-Museum hat einen Auftrag: Als offizielles Forschungsmuseum ist es verpflichtet, das materielle Erbe des Bergbaus zu sammeln, zu bewahren, auszustellen und auch zu erforschen. Darum kann man hier wunderbar auf Zeitreise gehen: von den beschwerlichen Anfängen des Bergbaus im 17. Jahrhundert bis zum hochmodernen und maschinellen Kohleabbau.

Das Anschauungsbergwerk unter Tage ist darum auch gar nicht so beengt, wie man es sich vielleicht vorstellt. In gut ausgebauten Gängen kann man 20 Meter unter der Erde nachempfinden, wie in den 1960er Jahren Steinkohle abgebaut wurde. Ein anderer Bereich gibt authentische Einblicke in den hoch technisierten Kohleabbau, wie er noch heute stattfindet. Allerdings nicht mehr im Ruhrgebiet – hier wurde der Steinkohleabbau 2018 endgültig einstellt.

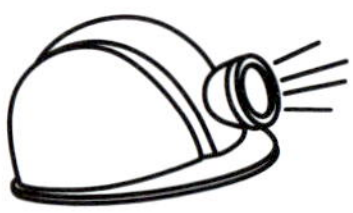

Die Ausstellung über Tage ist in vier verschiedene Themenrouten eingeteilt: Steinkohle, Bergbau, Bodenschätze und Kunst. In allen Bereichen finden sich speziell für Kinder aufbereitete Exponate. Hier und da können Schubladen aufgezogen oder Knöpfe gedrückt werden. Bei 1,2 Kilometern unter Tage und rund 8.000 Quadratmetern Fläche über Tage sollten die Kinder jedoch schon gut zu Fuß sein – oder so klein, dass sie noch gern in Trage oder Buggy Platz nehmen. Bei einem Besuch allein kann man aber sowieso nicht alles sehen. Das Museum bietet deshalb auch günstige Jahreskarten für Familien (für zwei Erwachsene mit bis zu vier Kindern) an.

Adresse Am Bergbaumuseum 28, 44791 Bochum, www.bergbaumuseum.de // **ÖPNV** U 35, Haltestelle Deutsches Bergbau-Museum // **Öffnungszeiten** Di–So 9.30–17.30 Uhr, jeden 1. Do im Monat 9.30–20.30 Uhr // ab 5 Jahre

TIPP: 500 Meter östlich des Bergbau-Museums beginnt der Bochumer Stadtpark. Hier kann man auf einem kleinen See Tretboot fahren oder den großen (Wasser-)Spielplatz besuchen.

2_DER BIOKU-UNVERPACKTLADEN

Einfach selbst abfüllen

Der BIOKU Bio- und Kulturmarkt in Bochum soll hier stellvertretend für eine ganze Reihe an Unverpacktläden stehen, die in den letzten Jahren auch im Ruhrgebiet wie die Pilze aus dem Boden geschossen sind. Unverpackt ist Trend. Und das ist auch gut so! Immer mehr Menschen legen Wert auf einen bewussten und möglichst nachhaltigen Konsum. Der regelmäßige oder gelegentliche Einkauf im Unverpacktladen ist da eine gute Möglichkeit, um im Alltag einen kleinen Unterschied zu machen.

Das Konzept: Lebensmittel zum Selbstabfüllen. In großen, an den Wänden befestigten Spendern oder in auf Tischen stehenden Gläsern warten Grundnahrungsmittel wie Nudeln, Reis, Linsen, aber auch Müsli und Nüsse aller Sorten bis hin zu Leckereien wie Gummibärchen und sauren Drops darauf, in mitgebrachte oder im Laden geliehene Gefäße gefüllt zu werden. An der Kasse wird dann gewogen und nach Gewicht bezahlt.

Nebenbei ist der Besuch im Unverpacktladen sogar ein kleines Erlebnis. Ältere Kinder können toll mithelfen, die Gläser oder Beutel zu befüllen. Und mit wachem Auge bemerkt man bestimmt eine Hülsenfrucht oder ein exotisches Getreide, das man im normalen Supermarkt sicher nicht entdeckt hätte.

Neben Lebensmitteln haben die Unverpacktläden auch Hygieneprodukte wie Seifen, feste Shampoos oder Putzmittel zum Nachfüllen im Angebot. Manche Läden, wie der BIOKU in Bochum, bieten zudem Workshops an, bei denen man etwa Bienenwachstücher selbst herstellt oder seine eigene Naturkosmetik anrührt.

TIPP: Weitere Unverpacktläden im Ruhrgebiet: Glücklich Unverpackt und UnFAIRpackt in Essen, Pur und Frau Lose in Dortmund, Allerlei Verpackungsfrei in Bottrop, Füllbar in Witten, Unverpackt in Duisburg und Tante Pati in Moers.

Adresse Herner Straße 14, 44787 Bochum // **ÖPNV** U 35, Haltestelle Deutsches Bergbau-Museum // **Öffnungszeiten** Mo–Fr 11–19 Uhr, Sa 10–18 Uhr // ab 3 Jahre

3_DIE BUTTERBROTBAR

Lecker Stulle

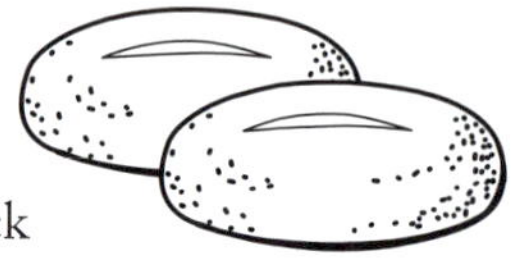

Authentisch, bescheiden und bodenständig – so kennt man das Ruhrgebiet. Und welcher Snack könnte da besser passen als die gute alte Stulle? Kurioserweise haben die Stullen, die man in Bochum-Ehrenfeld serviert bekommt, aber eine Übersee-Vergangenheit: »butterbrotbar«-Inhaberin Maren Meyer zu Westerhausen hat den Sauerteig-Ansatz, den sie für ihre selbst gebackenen Brote verwendet, einst aus Australien mitgebracht.

Heute backt ein ganzes Team aus Köchen und Servicekräften daraus saftig-ursprüngliches Sauerteigbrot, das ganz ohne Hefe auskommt und dadurch besonders bekömmlich ist. Wasser, Mehl, Salz und Olivenöl – mehr braucht es nicht, um Erwachsene und Kinder satt und glücklich zu machen. Gerade mit mäkeligen kleinen Essern ist man in der Butterbrotbar an der richtigen Adresse: Gediegene Sandwiches sucht man hier vergebens. Was serviert wird, ist so schlicht wie lecker. An der Theke entscheidet jeder selbst, welcher Belag es sein darf. Und natürlich gibt es auch eine Auswahl an süßen Broten!

Verschmaust werden die Stullen am großen Gemeinschaftstisch im Thekenraum oder im Speiseraum nebenan. Im Sommer stehen die Tische auch draußen auf dem Ehrenbergplatz. Neben dem klassischen Butterbrot mit diversen Belägen und hausgemachten Aufstrichen gibt es auch ein Frühstücksangebot mit allerlei Eiern, Müsli und Obst sowie unter der Woche einen täglichen Mittagstisch mit warmen Speisen, darunter mindestens ein vegetarisches Angebot.

TIPP: Nur einen kleinen Fußmarsch entfernt liegt ein wirklich großer und ungewöhnlicher Spielplatz: Zwischen Klarastraße und Maxstraße begrüßt einen ein großer Drachenkopf, auf dem man auch klettern und rutschen kann.

Adresse Hans-Ehrenberg-Platz 1, 44789 Bochum // **ÖPNV** Straßenbahn 308, 318, Bus 365, Haltestelle Schauspielhaus // **Öffnungszeiten** Mo–Fr 9–16.30 Uhr, Sa 10–15 Uhr // ab 1 Jahr

4_ DIE JAHRHUNDERTHALLE

Events für die ganze Familie

Ungewöhnliche Orte kennt man im Ruhrgebiet eine Menge. Ein Ort, der seinen ganz außergewöhnlichen Charme aber besonders clever nutzt, ist die Jahrhunderthalle in Bochum. Sie ist übers ganze Jahr immer wieder Schauplatz von Events, die durch die Kulisse noch an Anziehungskraft gewinnen. Und das Beste ist: Alles ist familientauglich und wetterfest!

Los geht's früh im Jahr mit dem Historischen Jahrmarkt, der Ende Februar/Anfang März stattfindet und die Jahrhunderthalle zwei Wochen lang in Popcornduft und buntes Licht taucht. Die Fahrgeschäfte versetzen die Gäste in längst vergangene Zeiten, zum Beispiel bei einer Fahrt mit der Raupenbahn aus dem Jahr 1926 oder mit der Berg- und Talbahn aus den 1930er Jahren.

Zugucken statt Selbstmachen ist bei Urbanatix angesagt. Die Street-Art-Show feiert Sportarten wie Streetdance, Parkour, Tricking, Biken und Freerunning. Im Winter wird die Jahrhunderthalle dann zur Eislaufbahn: Im Eissalon Ruhr kann man auf der 90 Meter langen und 17 Meter breiten Eisfläche seine Bahnen ziehen und dabei die Stahlträger, die Meter hohen Decken und die bunten Lichter auf sich wirken lassen.

Bei schönem Wetter lohnt sich auch ein Ausflug rund um die große Halle, die zu Beginn des 20. Jahrhunderts als Veranstaltungshalle entworfen und später dann als Gaskraftzentrale genutzt wurde. Im Westpark mit seinen vielen Wegen, Rampen und Brücken lässt sich Natur im Industriegewand erleben. Nachts werden Teile des Geländes stimmungsvoll bunt angeleuchtet.

Adresse An der Jahrhunderthalle 1, 44793 Bochum // **ÖPNV** Straßenbahn 302, 305, 310, Bus 345, 355, Haltestelle Bochumer Verein/JHH // **Öffnungszeiten** Westpark frei zugänglich, Termine für Events unter www.jahrhunderthalle-bochum.de // ab 5 Jahre

TIPP: Mit dem Rad kann man die Jahrhunderthalle bequem über die Erzbahntrasse erreichen. Vielleicht geht der Weg dann über eine besondere Brücke: Die Erzbahnschwinge ist ganze 130 Meter lang und vermeidet dadurch steile Anstiege.

5_DIE OBSTWIESEN

Vom Zweig in den Mund

Die hohe Besiedlungsdichte im Ruhrgebiet hat auch einen Nachteil: Den Luxus eines eigenen Gartens haben hier die wenigsten. Gerade in den großen Städten wohnen die meisten Familien in Wohnungen. König ist, wer immerhin einen Balkon sein Eigen nennt. Und auch wenn Balkongärtnern ein echter Trend ist und süße Erdbeeren sogar im dritten Obergeschoss wachsen – den Großteil frischer Früchte kennt ein Ruhrpottkind wohl eher aus dem Supermarkt.

Wer sich jedoch auskennt, kann das leckere Obst auch im Ruhrgebiet direkt von den Bäumen holen! Die Stadt Bochum hat dazu mehrere Obstwiesen ausgewiesen, auf denen ganz offiziell und legal leckere Früchte gepflückt werden dürfen – je nach Saison natürlich. Manche Wiesen bieten ein buntes Potpourri aus Apfel-, Birn- oder Kirschbäumen. Aber es gibt auch reine Kirschreihen, Apfelwiesen und sogar eine Walnussallee. Allen Bäumen gemein ist, dass sie nicht gespritzt oder sonst wie behandelt werden. Damit pflückt man hier bestes Bio-Obst.

Ein paar Regeln zur Ernte gibt es aber: Mit den Bäumen muss pfleglich umgegangen werden – Äste abknicken oder in den Bäumen klettern ist verboten. Auch Leitern dürfen nicht aufgestellt werden. Außerdem ist das gepflückte Obst für den Eigenverbrauch gedacht und darf nicht verkauft werden. Pflückerinnen und Pflücker werden zudem gebeten, nicht mehr als maximal zwei Eimer Obst zu pflücken. Schließlich soll für alle anderen Obstfans auch noch etwas übrig bleiben.

TIPP: Öffentlich zugängliche Obstwiesen gibt es im gesamten Ruhrgebiet. Infos bekommt man zum Beispiel über den NABU oder die ökologischen Stationen der jeweiligen Städte.

Adresse alle 14 Bochumer Obstwiesen unter www.bochum.de/obstwiesen // Öffnungszeiten rund um die Uhr, Gelände nicht befahrbar // ab 6 Jahre

6_DAS PLANETARIUM

9.000 leuchtende Sterne

Ganz egal, wie das Wetter draußen ist: Im Bochumer Planetarium strahlen immer die Sterne! Dafür sorgen supermoderne »Full Dome Projektionen«, also digitale Bilder, die von innen an die gesamte Kuppel des Planetariums geworfen werden. Unter der Kuppel nimmt man in einem von 250 gemütlichen Sesseln Platz, die mit einem Kippmechanismus versehen sind. In halb liegender Position kann man so richtig eintauchen in die Welt der Sterne.

Täglich gibt es mehrere Shows zu verschiedenen Themen. Der Sternenhimmel steht natürlich immer im Mittelpunkt, aber die Reise geht auch schon mal in weit entfernte Galaxien und erklärt viel Spannendes über Astronomie und Weltraumforschung. Je nach Alter der Zusehenden kann das anspruchsvoll sein – oder einfach sehr unterhaltsam. Spezielle Kindershows bringen kleinen Gästen das Weltall kurzweilig näher. Schon ab Kindergartenalter können die Kids die liebevoll illustrierten Shows besuchen und Dinos ins Weltall folgen, auf Planetensafari gehen oder mit dem Räuber Hotzenplotz nach der Mondrakete suchen.

TIPP: Gleich hinter dem Planetarium liegt der Tierpark Bochum, der sich mit seinem großen Fossilium auch für Schlechtwettertage eignet. Es gibt ein günstiges Kombiticket für Planetarium und Tierpark. Voraussetzung: Beide Orte müssen innerhalb eines Monats besucht werden.

Gerade Ruhrpottkinder sehen hier manchmal zum ersten Mal in ihrem Leben einen »richtigen« Sternenhimmel. Denn von 9.000 leuchtenden Sternen bleiben in einer Ballungsregion wie dem Ruhrgebiet höchstens 500 mit bloßem Auge sichtbar. Historisch gesehen hatte das Planetarium seinen Anfang tatsächlich als reiner Sternenprojektor. Das Bochumer Planetarium wurde 1964 als erstes deutsches Großplanetarium erbaut und steht heute sogar unter Denkmalschutz.

Adresse Castroper Straße 67, 44791 Bochum // ÖPNV Straßenbahn 306, 308, 316, 318, Haltestelle Planetarium // Öffnungszeiten Kasse vor Ort: Mo–Fr 9–15.30 Uhr, Tickethotline: Mo–Fr 8–20 Uhr, Sa 9–18 Uhr, So und Feiertage 10–16 Uhr, Shows nach Veranstaltungskalender unter www.planetarium-bochum.de // ab 4 Jahre

7_DAS PUZZLEUM

Jetzt wird's knifflig

Zeit und Geduld sind Attribute, die man in der heutigen Welt besonders zu schätzen weiß. Was könnte also wohltuender sein als ein Besuch an einem Ort, der beide Werte herausfordert? Rätseln! Kniffeln! Entschleunigen! Im Puzzleum bleibt die Zeit draußen ein bisschen stehen, während drinnen die Gehirne zu glühen beginnen.

Zaubermeister Robinson stellt im Foyer seines Theaters eine beachtliche Sammlung an Geduldes- und Geschicklichkeitsspielen aus. In englischer Sprache: Puzzles. Davon leitet sich der Name seiner Sammlung ab. Denn dies ist ein richtiges Museum für verschiedenste Arten von Rätselmaterial. Für Puzzleum-Gäste holt der Chef gern einige seiner mehr als 1.000 Spiele aus den Vitrinen.

Die Auswahl geht weit über den bekannten Rubik's Würfel hinaus. Allerlei Vexiere wollen entwirrt oder wieder zusammengesetzt werden. Tangram-Rätsel fordern zu kniffligen Legespielen heraus. Die sogenannten »Head and Tail«-Spiele eignen sich auch schon für jüngere Kinder. Und dann gibt es noch die richtig kuriosen Dinge: »Unmögliche Objekte« lassen die Betrachter rätseln. Wie ist das Ding nur in die Flasche gekommen? Zaubermeister Robinson weiß es, aber er verrät es nicht!

Dafür teilt er gern das Vergnügen kleiner Zaubershows, die er in seinem eigenen Theater veranstaltet. Ein Besuch im Puzzleum lässt sich daher gut mit einer Veranstaltung im »Zauberkasten« verbinden. Wichtigster Tipp: Vor und nach der Vorstellung etwas Zeit und Geduld mitbringen!

Adresse Kulturmagazin Lothringen, Lothringer Straße 36c, 44805 Bochum // ÖPNV Straßenbahn 308, 318, Bus 321, 353, 364, Haltestelle Gerthe Mitte // Öffnungszeiten auf Anfrage sowie vor und nach den Veranstaltungen im »Zauberkasten«, Termine unter www.zauberkasten.de // ab 8 Jahre

TIPP: Im Kulturzentrum Lothringen residiert auch das »HalloDu«-Theater, ein traditionsreiches Figurentheater, das Aufführungen für Kinder und Familien im Programm hat.

8_DER TIPPELSBERG

Auf den Spuren des Riesen Tippulus

Es waren einmal zwei Riesen, die konnten sich so wenig leiden, dass sie sich gegenseitig mit riesigen Felsbrocken bewarfen. Der eine von ihnen lebte in der Haard, worauf sich das Haard-Gebirge bildete. Der andere Riese jedoch, der auf den Namen Tippulus hörte, lebte in Bochum-Riemke. Die Steinbrocken seines Feindes fielen dort herunter und bildeten – zur Freude der Einwohner Bochums – den Tippelsberg.

Den Riesen Tippulus bekommt man heute nicht mehr zu Gesicht. Und ganz vielleicht gehört die Geschichte auch eher ins Reich der Märchen und Sagen. Trotzdem kann man beim Spaziergang am Tippelsberg noch die Fußspuren des Riesen zählen – sie führen den befestigten Weg entlang geradewegs auf den Berg. Oben wartet dann eine herrliche Rundum-Aussicht!

Der Tippelsberg diente traditionell als Freizeiterholungsgebiet – bis die Stadt Bochum in den 1980er Jahren beschloss, ihn als Bauschuttdeponie zu nutzen und für Besucher zu sperren. Glücklicherweise gab es später ein Umdenken, weshalb der Tippelsberg seit 2007 Teil eines Naturschutzgebietes ist, das eine grüne Oase mitten im Ballungsraum Ruhrgebiet darstellt.

Der Tippelsberg-Rundweg ist nur 2,5 Kilometer lang und kann bequem mit Kinderwagen oder Buggy befahren werden. Wer Lust auf noch mehr Natur hat, kann den Spaziergang auf den »Naturpfad Tippelsberg und Berger Mühle« ausweiten. Der 5,5 Kilometer lange Rundweg schließt den Tippelsberg mit ein und umfasst 14 Stationen, darunter den idyllischen Dorneburger Mühlenbach.

Adresse Startpunkt für den kleinen Rundweg am Tippelsberg: Hiltroper Straße 148, 44807 Bochum; Startpunkt für den großen Rundweg »Naturpfad«: Zillertalstraße/Stembergstraße, 44807 Bochum // **ÖPNV** Bus 354, Haltestelle Bergstraße // **Öffnungszeiten** immer zugänglich // ab 0 Jahre

TIPP: Auf dem Weg zum Südparkplatz am Tippelsberg gibt es auf der Hiltroper Straße einen kleinen Ballonladen, der einen sofort in Kirmesstimmung versetzt.

9_DAS UMBACH-SCHAMELL

Schnurrbärte für alle!

Als Institution in Bochum und dem ganzen Ruhrgebiet und als beste Anlaufstelle für Verkleidungen aller Art – als das ist der Spielwarenladen von Irmela Umbach-Schamell bekannt. Gegründet 1951, hält die Inhaberin mit ihrem Laden in der Herner Straße seit 1980 die Stellung. Damals übernahm sie das Fachgeschäft von ihrem Vater – und denkt bis heute nicht ans Aufhören. Dabei könnte sie schon längst in Rente sein! Aber das Geschäft ist ihr Leben. Und das merkt man dem kleinen Laden, der von unten bis oben mit Spielzeug vollgestellt ist, auch an.

Die besondere Überraschung wartet im Nebenraum des Verkaufsraums: Aus unzähligen Körben können Karnevals- und Verkleidungsfans sich hier an diversen Accessoires bedienen. Was darf es heute sein? Ein schicker Schnurrbart? Eine gefährliche Ninja-Maske? Oder doch lieber ein paar bunte Pippi-Langstrumpf-Strümpfe? Auch Perücken, Brillen, Nasen, Schminke und natürlich jede Menge Kostüme von Babygröße 56 bis Herrengröße 60 bekommt man bei Umbach-Schamell – und zwar das ganze Jahr über und nicht nur zur Karnevalszeit.

Daneben lockt ein buntes Sortiment an Spielzeug: vom klassischen Holzspielzeug über Playmobil und Lego bis hin zur Puppenklinik. Ein großes Regal ist komplett mit Gesellschaftsspielen und Puzzles bestückt. Und sogar Laufräder und kleine Fahrräder sind im Angebot. Gratis dazu gibt es immer ein Quätschken mit Irmela Umbach-Schamell oder ihrer langjährigen Mitarbeiterin Susanne Molkenthin. Und natürlich wird auch Beratung hier noch großgeschrieben!

Adresse Herner Straße 6, 44787 Bochum // **ÖPNV** U 35, Haltestelle Deutsches Bergbau-Museum; Straßenbahn 306, 316, Bus 336, 339, 353, Haltestelle Brückstraße // **Öffnungszeiten** Mo–Fr 9–13 und 14.30–18.30 Uhr, Sa 9–14 Uhr // ab 0 Jahre

TIPP: Lust auf einen weiteren sehr besonderen Laden? Am Friedhof Blumenstraße, etwa 20 Minuten zu Fuß entfernt, liegt der Papageienpark. Hier kann man die Vögel selbst und alles, was zu ihrem Wohl beiträgt, kaufen – oder auch einfach nur gucken und im Papageiencafé einkehren.

10_DER ÜMMINGER SEE

Sportlich am Wasser

Zuerst auf den Spielplatz, zur Rollschuhbahn oder doch erst mal eine ganze Runde um den See? Der Ümminger See in Bochum-Langendreer ist zu einem beliebten Treffpunkt für Familien geworden. Dabei war er mal eine echte Dreckschleuder. Wie so viele Gewässer im Ruhrgebiet wurde auch er für die Abwässer aus Industrie und Bergbau genutzt. Hier war es der Dorothea-Erbstollen der Zeche Vollmond, der den See bis in die 1960er Jahre hinein verunreinigte. In den Jahrzehnten danach wurde er dann aber zu einem weitläufigen Naherholungsgebiet umgebaut.

Jetzt tummeln sich Wasservögel wie Schwäne, Gänse, Enten und Perlhühner auf dem sauberen Gewässer, und Spaziergänger genießen den nur zwei Kilometer langen Rundweg. Dank der befestigten Wege können Kinder hier auch gut Laufrad oder Fahrrad fahren. Der Spielplatz eignet sich mit verschiedenen Rutschen, einem Klettergerüst und Krabbelröhren für kleine und größere Kinder.

Und auch für ganz große »Kinder« gibt es eine Spielfläche: Mit dem Freiraum Crosstrail wurde am Ümminger See ein umfangreicher Profi-Trainingsplatz geschaffen. Auf dem 800 Meter langen Parcours kann man beim Hangeln, Klettern, Springen, Ziehen und Kriechen seine Kondition, Kraft und Geschicklichkeit testen. Noch mehr Raum für Sportlichkeit bietet die Rollschuhbahn, auf der man im geschützten Rahmen ein paar Runden drehen kann. Wer es gemütlicher mag, findet am See genügend Bänke oder Wiesen zum Picknicken und Ausruhen.

TIPP: Mit dem Bahnhof Langendreer gibt es im Bochumer Osten ein Kulturzentrum, das nicht nur Vorträge und Konzerte für Erwachsene anbietet, sondern auch regelmäßig Kinderkino und andere Veranstaltungen für die ganze Familie.

Adresse Ümminger See 1, 44803 Bochum // **ÖPNV** Straßenbahn 302, 305, 310, Haltestelle Alte Ümminger Straße // **Öffnungszeiten** immer zugänglich // ab 0 Jahre

11_ DAS WEITMARER HOLZ

80 Hektar Grün

Da kommt Waldgefühl auf! Für einen Ausflug in eine »grüne Lunge« muss man im Ruhrgebiet gar nicht weit fahren. Zwar handelt es sich beim Weitmarer Holz nur noch um den Restbestand eines ehemaligen großen Waldgebietes, das sich einst von Weitmar-Mark bis Linden erstreckte. Aber mit 80 Hektar ist der Wald im Bochumer Süden auch jetzt noch ein prima Ausflugsziel für alle Stadtflüchtigen.

Mit seinem alten Buchen- und Eichenbestand kommt hier richtiges Mischwald-Feeling auf. Ein rund vier Kilometer langer Rundweg führt einmal rund ums Wildgehege, dessen Besuch mit Kindern natürlich Pflicht ist. Wildschweinen, Damwild und Mufflons kommt man hier ganz nah. Aber es gilt: Bitte nicht füttern! Denn die Tiere werden von zu viel oder falschem Futter krank.

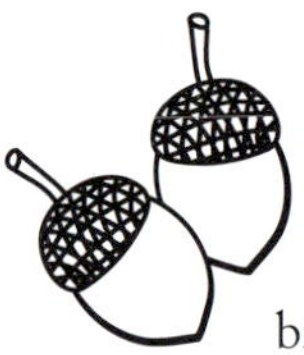

Für den Rundweg und alle anderen Spazierwege in dem weitläufigen Waldstück sollte man etwas Kondition mitbringen, denn es geht ganz schön rauf und runter. Dafür eignen sich die befestigten Waldwege auch für den Ausflug mit Kinderwagen oder Buggy. Es empfiehlt sich aber, auf den Wegen zu bleiben, da der Wald oberhalb eines großen Bergbaugebietes liegt, in dem immer mal wieder der Boden absackt. Kritische Bereiche werden von der Stadt abgesperrt.

Im östlichen Teil des Waldstücks gibt es auch einen Spielplatz, der seine besten Zeiten jedoch schon hinter sich hat. Bei so viel Raum und Weite ist es aber ohnehin schöner, sich vom Wald inspirieren zu lassen, Bucheckern zu sammeln oder Waldtiere zu beobachten.

TIPP: Unterhalb des Weitmarer Holzes liegt die Bochumer Sternwarte. Die weiße Kuppel des Bildungszentrums für Weltraum ist schon von außen sehenswert. Innen gibt es eine Ausstellung und Vorführungen rund ums Weltall und die Raumfahrt.

Adresse 44797 Bochum // **ÖPNV** Straßenbahn 308, 318, Haltestelle Am Buchenhain // **Öffnungszeiten** immer zugänglich // ab 0 Jahre

12_ DIE WILDNIS FÜR KINDER

Das Wilde im Städtischen

Raus ins Grüne – das ist im Ruhrgebietsalltag manchmal gar nicht so leicht. Viele Regionen des Ballungsraums Ruhr sind so städtisch geprägt, dass es für eine große Zahl an Kindern nur verhältnismäßig wenige freie Flächen gibt, auf denen sie sich nach Herzenslust austoben können. Die Biostation Ruhr-Ost will das mit ihren Projektflächen »Wildnis für Kinder« ändern.

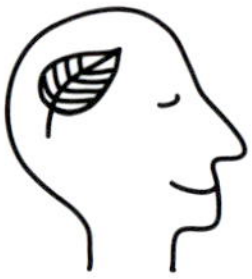

Hier werden naturnahe Flächen mitten in der Stadt zu Gebieten für Kinder und Jugendliche erklärt, die allein einem Zweck dienen: Sie sollen Spaß haben! Die grünen Orte liegen mitten in der City, oft nah an dicht bewohnten Siedlungen, und bieten den Kindern einen Schutzraum, in dem sie sich frei bewegen und kreativ ausleben können. Hier gibt es keine Spielgeräte, die vorgeben, wie Kinder zu spielen haben. Stattdessen regt die Natur zu eigenen Ideen an. Dazu stehen die grünen Orte unter einem besonderen Schutz: Geschnittene Bäume oder gemähtes Gras werden zum Beispiel nicht weggeräumt, sondern bleiben liegen, auf dass die kleinen Gäste daraus Hütten, Brücken oder Unterstände bauen können. In der Wilden Welt an der Bochumer Huestraße ist sogar eine begehbare Brücke über den Bach entstanden. Die anderen wilden Orte warten mit Kletterbäumen oder weitläufigen Spielwiesen auf.

Kleine Anregungen und Hilfestellungen können die Kinder bei regelmäßigen Wildnistreffs bekommen, die die Biostation Ruhr an einigen der wilden Orte anbietet. Die Treffs sind offen für Kinder ab sechs Jahre und können ohne Anmeldung besucht werden.

Adresse alle Standorte mit Weg- und Anfahrtsbeschreibung unter www.biostation-ruhr-ost.de // Öffnungszeiten immer zugänglich, Wildnistreffs für Kinder ab 6 Jahre unter der Woche am Nachmittag // ab 3 Jahre

TIPP: Mehr Natur- und Spielwelten für Kinder zu schaffen – das ist ein erklärtes Ziel vieler Ruhrgebietsstädte. Einige Revierparks, darunter der Gysenbergpark in Bochum, der Revierpark Vonderort in Oberhausen sowie Mattlerbusch in Duisburg, werden derzeit vom RVR umgestaltet, umweltpädagogische Konzepte für die »Zielgruppe Kind« inklusive.

13_DIE ZECHE KNIRPS

Das Kinderbergwerk auf Zeche Hannover

Wie war das damals eigentlich »auf Zeche«? Als noch unter Tage malocht wurde, die Förderbänder auch nachts nicht stillstanden und die Loren auf den Gleisen knirschten? Auf Zeche Hannover in Bochum gibt es immerhin seit fast 50 Jahren keinen Kohleabbau mehr. 1973 wurde die Zeche stillgelegt. Heute gehört sie zu einem der vielen industriekulturellen Schauplätze, die das frühere Leben und Arbeiten im Ruhrgebiet weiterhin erfahrbar machen.

Auch und insbesondere für Kinder, denn mit der Zeche Knirps beherbergt das Bochumer Industriedenkmal ein Kinderbergwerk. Kohle geschippt wird hier natürlich nicht mehr. Stattdessen gibt es jede Menge Kies, der von unter Tage nach über Tage gefördert werden muss. Das geht nur in Teamwork! Genutzt wird dabei auch im Spielbergwerk eine Technik, die 1876 auf Hannover entwickelt wurde und noch heute weltweit im Bergbau zum Einsatz kommt: Die Koepe-Förderung ist eine Doppelfördertechnik, bei der pro Seite immer ein Korb rauf- und runterfahren kann, während das Seil in Endlosschleife läuft. Da muss es beim Arbeiten schnell gehen! Nach getaner Arbeit lädt das Gelände rund um die Zeche mit seinen grünen Wiesen auch zum Ausruhen und Picknicken ein.

Die Zeche Knirps wird von museumspädagogischem Personal betreut, die Eltern sind jedoch in der Aufsichtspflicht. Der Eintritt ist kostenlos. In der großen Zeche Hannover werden Führungen angeboten, bei denen auch die einzige im Ruhrgebiet erhaltene Dampffördermaschine vorgeführt wird.

Adresse Günnigfelder Straße 251, 44793 Bochum, www.zeche-hannover.lwl.org // ÖPNV Bus 368, 390, Haltestelle Röhlinghauser Straße // Öffnungszeiten März – Okt. Sa 14 – 18 Uhr, So und Feiertage 11 – 18 Uhr // ab 6 Jahre

TIPP: Die Erzbahntrasse führt direkt an der Zeche Hannover vorbei, weshalb man auch sehr gut einen Radausflug hierhin machen kann.

14_ZUM KLEINEN ESEL

Burrito, Baby!

Es kommt im Brot, lässt sich mit den Fingern essen, und die Komponenten darf man sich selbst aussuchen. Klingt nach einem kindertauglichen Essen? Ist es auch! Wenn man sich als Familie mal wieder nach etwas anderem sehnt als »Nudeln ohne alles«, dann sei das Bistro »Zum kleinen Esel« sehr empfohlen. Hier gibt es nur eine Speise, die dafür aber in den unterschiedlichsten Variationen angeboten wird: Burritos, eine mexikanische Spezialität, die mal durch ihre Einfachheit und mal durch die raffinierte Kombination diversester Zutaten besticht.

Bei den Kids punktet man vermutlich am ehesten mit Einfachheit. Aber das ist kein Problem für Inhaber Michael Laur de Manos und sein Team. Auf der Tafel steht zwar eine beachtliche Auswahl an Burrito-Kreationen, aber wenn ein Kind seinen Maisfladen nur mit Reis und süßer Himbeersoße will, dann ist das auch okay. Beliebt bei den Kleinen ist zum Beispiel auch die Variation »Breakfast Club«, die mit Bratkartoffeln, Blackbeans, veganem Käse und Guacamole lecker deftig schmeckt. Erwachsene Gaumen trauen sich vielleicht an schärfere Kreationen mit ordentlich Habaneros.

Gegründet hat Michael Laur de Manos seinen Laden übrigens fast aus Eigennutz: Nach vielen Reisen durch Mexiko und Kalifornien fehlte ihm seine Leibspeise in Deutschland einfach zu sehr. Da er selbst vegan isst, fiel die Wahl auf ein ausschließlich veganes Burrito-Lokal. »Fake Chicken Burritos« oder »Chili sin Carne« überzeugen aber auch eingefleischte Fleischesser!

TIPP: Nach dem Burrito noch ein Stück Kuchen? Dann einfach links auf die Oskar-Hoffmann-Straße abbiegen. Nach etwa 500 Metern erreicht man das Café »Fräulein Coffea«, das süße Kreationen in entspannter Atmosphäre anbietet.

Adresse Universitätsstraße 79, 44789 Bochum // **ÖPNV** U 35, Haltestelle Oskar-Hoffmann-Straße // **Öffnungszeiten** Di–Fr 12–20 Uhr, Sa 13–20 Uhr, So 15–20 Uhr // ab 3 Jahre

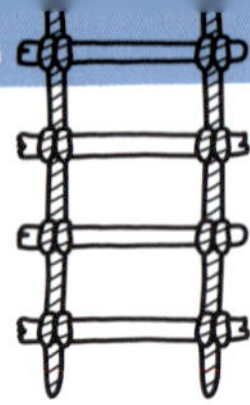

15_DER ABENTEUER-SPIELPLATZ BATENBROCK

Richtig viel Platz zum Toben

»Und was machen wir heute?« Wen diese Frage öfters quält, der schickt sein Kind am besten auf einen Abenteuerspielplatz. Oder man macht sich gemeinsam als Familie auf, um den Nachmittag an einem Ort zu verbringen, an dem ganz sicher keine Langeweile aufkommt. Der Abenteuerspielplatz im Bottroper Stadtteil Batenbrock-Süd ist genau so ein Ort. Hier gibt es so viele Spielmöglichkeiten, dass es selbst nach dem x-ten Besuch schwerfällt, sich zu entscheiden: Zuerst aufs große Klettergerüst? Oder an die Boulderwand? Ins große Spielauto? Auf die Kettcars? Oder zu den Tieren?

An ausgewählten Tagen öffnet das Team des Spielplatzes sogar den Niedrigseilparcours. Der ist zwar nicht vergleichbar mit den großen kommerziellen Kletterparks, benötigt dafür aber auch keine lange Einführung. Hier können sich schon Kinder ab Schulalter auf die Plattformen in respektabler Höhe schwingen. Wer mehr Spaß an Tierpflege hat, kann sich um die drei Ponys oder die Schafe, Ziegen, Kaninchen und Hühner kümmern. Nachmittags wird je nach Wetter Ponyreiten angeboten.

Der BDKJ-Spielplatz hat zudem samstags geöffnet und eignet sich demnach als Ausflugsziel für die ganze Familie. Verpflegung muss jedoch selbst mitgebracht werden. Unter der Woche kommen Kinder ab Grundschulalter auch gern allein her. Das Team aus Sozialpädagogen und Erzieherinnen betreut Kids ab sechs Jahre vor Ort und bietet täglich ein buntes Beschäftigungsprogramm an.

TIPP: In weniger als einem Kilometer Entfernung liegt ein echtes Wahrzeichen Bottrops und des Ruhrgebiets: Der Tetraeder auf der ehemaligen Halde der Schachtanlage Prosper bietet einen phantastischen Ausblick über das Ruhrgebiet.

Adresse Am Abenteuerspielplatz 1 (Zufahrt über Glückaufstraße), 46238 Bottrop // **ÖPNV** Bus 262, Haltestelle Glückaufstraße // **Öffnungszeiten** Sommerzeit: Di–Sa 12–18 Uhr, Winterzeit: Di–Sa 12–17 Uhr // ab 0 Jahre

16_DIE EISZEITHALLE

Mammut, Höhlenbär und Fellnashorn

Als in den vergangenen Jahrhunderten der Bergbau im Ruhrgebiet begann, fand man natürlich Kohle – aber noch viel anderes Zeug. Und manches davon kann uns bis heute begeistern. Denn neben jeder Menge Fossilien waren auch richtig große Knochen dabei, auf die die Bergleute bei ihren Grabungen gestoßen waren. Deshalb kamen damals immer wieder Archäologen ins Ruhrgebiet, um die Funde professionell zu bergen.

In Bottrop dürfen wir uns bei Arno Heinrich bedanken, einem Grabungsleiter und Fossilienexperten, der so etliche Schätze des Ruhrgebiets für die Nachwelt erhalten hat. Seine Funde – und noch einiges mehr – werden heute in der Eiszeithalle des Museumszentrums Quadrat ausgestellt. Augenfang ist vor allem das mehr als drei Meter hohe Mammutskelett. Aber auch Höhlenbär und Fellnashorn sind beeindruckend. Neben den Skeletten, die mindestens 10.000 Jahre alt sein dürften, zeigt die Eiszeithalle Nachbildungen von weiteren eiszeitlichen Tieren wie Fuchs und Rentier. Spannend ist auch die Fährtenplatte, auf der man raten kann, welche Spur zu welchem eiszeitlichen Tier gehörte.

Das Museum bietet jeden Sonntag eine Familienführung an und veranstaltet regelmäßig Ferienworkshops oder Führungen nur für Kinder. Dabei darf dann auch mal ein echter Mammutzahn angefasst werden. Neben der Eiszeithalle gibt es im »Quadrat« bildende Kunst zu sehen: Die Josef-Albers-Sammlung mit ihren großen Farbflächen und geometrischen Formen kann auch Kinder begeistern. Der Eintritt ist kostenfrei.

TIPP: Rund um das Museumszentrum liegt der Stadtgarten. Hier kann man die hübsche Bepflanzung bewundern, Minigolf spielen und den großen Spielplatz besuchen.

Adresse Museumszentrum Quadrat, Anni-Albers-Platz 1, 46236 Bottrop // **ÖPNV** Bus 251, Haltestelle Overbeckshof // **Öffnungszeiten** Di – Sa 11 – 17 Uhr, So, Feiertage 10 – 17 Uhr, jeden So Nachmittag Familienführungen nach Anmeldung unter Tel. 02041/372030 // ab 5 Jahre

17_ DAS WALDKOMPETENZZENTRUM HEIDHOF

Spielen und lernen am Bach

Zugegeben, es ist gar nicht so leicht, es mit Kindern überhaupt bis zum Waldkompetenzzentrum zu schaffen. Denn davor lockt der riesige Waldspielplatz mit Bereichen für kleinere und größere Kinder. Nestschaukel, Klettergerüste, Wippelemente und eine große Steinformation wurden für Kinder unterschiedlichen Alters angelegt. Damit wird der Ausflug auch bei Geschwistern mit größerem Altersabstand ein Erfolg.

Und dann ist da noch der plätschernde Bach, der in den warmen Monaten zum freien Spiel einlädt. Beim Balancieren über Baumstämme und beim Bauen von Staudämmen kann man die Zeit schon mal vergessen. Wer es gar nicht vom Spielplatz weg schafft, kann auch hier schon einiges lernen: Infotafeln mit Text und Bild geben Anregungen, welche Naturentdeckungen am Bach und im Wald gemacht werden können.

Wer noch mehr erfahren will, kann danach das Waldkompetenzzentrum Heidhof besuchen. In der Ausstellung »Wald – Baum – Holz« gibt es viel Wissenswertes zu entdecken. Interaktive Spiele, Audio-Erzählstationen, das Waldkino und Quizfragen machen die Ausstellung für Kinder spannend.

Auf dem Gelände des Heidhofs gibt es eine Toilettenanlage sowie eine Bude, die Getränke, Snacks und Eis verkauft. Alternativ bringt man sich selbst Verpflegung mit. Gut zu wissen: Der Heidhof kann nicht direkt angefahren werden, der Parkplatz liegt etwa 1,5 Kilometer entfernt. Mit kleineren Kindern sollte man daher Laufrad oder Buggy im Gepäck haben.

TIPP: Rund um den Heidhof liegt die Kirchheller Heide, die als weitläufige Heide- und Waldlandschaft auch zu längeren Spaziergängen oder kleinen Wanderungen einlädt.

Adresse Zum Heidhof 25, 46244 Bottrop // **ÖPNV** Taxibus TB 269, Haltestelle Hiesfelder Straße // **Anfahrt** A 3, Ausfahrt Dinslaken-Nord, über Bergerstraße in Richtung Bottrop-Kirchhellen, rechts auf Flugplatzstraße und am Parkplatz Kletterpoth parken // **Öffnungszeiten** das ganze Jahr über, Kiosk März–Okt. // ab 2 Jahre

18_ DANIELS KLEINE FARM

Alpakas zum Anfassen

Sobald man das Farmgelände an der Bochumer Straße in Castrop-Rauxel betreten hat, kommt Urlaubsfeeling auf. Wenn dann noch Daniel auf einen zukommt – stilecht mit Cowboyhut und schweren Lederschuhen –, fragt man sich einen kurzen Moment: Wo bin ich hier noch mal?

Alpaka-Hirte Daniel Hischke hat sich hier, im ländlichen Raum und doch mitten im Ruhrgebiet, (s)ein persönliches Paradies geschaffen. Und er lädt alle Interessierten ein, ihn und seine Tiere darin zu besuchen. Mehr als 20 Alpakas leben auf seiner kleinen Farm – alles »Jungs«, wie Daniel sagt. Denn die südamerikanischen Paarhufer lassen sich nur schlecht in gemischten Herden halten. Solange jedoch keine Mädels dazukommen, leben die Alpakamännchen friedlich in ihrer Junggesellenherde. Dank ihrem kuscheligen Fell, dem langen Hals und den treuen Augen fassen selbst kleinere Kinder schnell Zutrauen zu den aufmerksamen Tieren.

Wie weit das Vertrauen geht, lässt sich am besten auf einer der Trekking-Touren testen, die Daniel und sein Team an den Wochenenden anbieten. Mit Alpakas am Führstrick geht es dann auf dem circa fünf Kilometer langen Rundweg durchs Naturschutzgebiet, das direkt an die Farm grenzt. Der Weg ist barrierefrei, weshalb auch Begleitpersonen mit Kinderwagen oder Buggy mitkommen können. Eine Tour dauert gute zwei Stunden, das Tempo ist also auch für kürzere Beine machbar.

Übrigens verkauft die Farm die samtweiche Wolle der Alpakas. Prima für alle, die sich bald den nächsten Winterpulli stricken wollen!

Adresse Bochumer Straße 275, 44575 Castrop-Rauxel // **ÖPNV** Bus 353, Haltestelle Kreuzstraße // **Öffnungszeiten** Trekking-Touren immer an den Wochenenden, Gruppentermine auf Anfrage, Anmeldung unter www.danielskleinefarm.de // ab 5 Jahre

TIPP: Weniger exotisch, aber auch zum Anfassen: Eine kurze Autofahrt entfernt liegt das Wildgehege Grutholz. Hier kann man Damwild streicheln und füttern. 50-Cent-Stücke für den Futterautomaten mitbringen!

19_DIE SCHWERINER HALDE

Kleine Halde mit Sonnenuhr

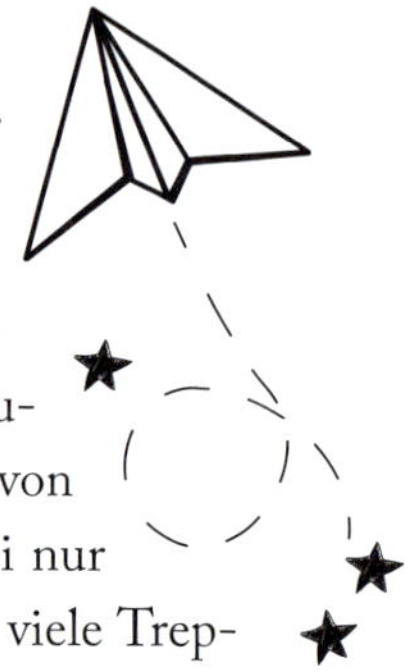

Halden gibt es im Ruhrgebiet wie Sand am Meer. Aber nicht jede lohnt den Aufstieg – oder eignet sich überhaupt für einen Ausflug mit Kindern, die mit ihren kürzeren Beinen naturgemäß weniger schnell klettern können. Die Halde Schwerin in Castrop-Rauxel gehört jedoch definitiv zu den Halden, die auch von kleinen Wanderern bezwungen werden können. Bei nur 33 Metern über der Umgebung sind es gar nicht so viele Treppenstufen, die erklommen werden müssen.

Oben angekommen, wird man dennoch mit einer tollen Aussicht über das nähere Ruhrgebiet belohnt. Und vor allem: mit einer Landmarke, die in den 1990er Jahren im Rahmen der Internationalen Bauausstellung Emscherpark hier entstanden ist. Wo bis in die späten 1960er Jahre noch Zechenbetrieb war, thront jetzt eine Sonnenuhr über der renaturierten Landschaft. Das Kunstwerk besteht aus 24 Edelstahlsäulen mit einer Höhe von je circa zehn Metern, die in einem großen Kreis von über 16 Metern Durchmesser aufgestellt sind. Am höchsten ist der Polstab, der exakt im Norden auf zwölf Uhr steht und anhand dessen sich die Zeit ablesen lässt – sofern die Sonne scheint natürlich. Und auch dann ist das Uhrlesen auf der Sonnenuhr eine kleine Wissenschaft für sich, denn die Uhr schert sich nicht um Sommer- oder Winterzeit, sondern zeigt stets die sogenannte »Wahre Ortszeit« an. Wer professionell die Uhrzeit ablesen will, sollte sich darum eine Zeittabelle zur Umrechnung aus dem Internet herunterladen.

Adresse Zur Sonnenuhr, 44577 Castrop-Rauxel // ÖPNV Bus 341, Haltestelle CAS Overbergstraße; Bus 480, 482, Haltestelle Grimbergstraße // Öffnungszeiten immer zugänglich // ab 3 Jahre

TIPP: Nur etwa einen Kilometer entfernt kann man ein Stück irische Kultur entdecken: Rund um den Hammerkopfturm der ehemaligen Zeche Erin III wurde ein keltischer Baumkreis angelegt – als Erinnerung an den Zechengründer William Thomas Mulvany, der von der Grünen Insel stammte.

20_DAS MÜHLENMUSEUM

Alles dreht sich

Hier dreht sich im wahrsten Sinne des Wortes alles um Windmühlen. Und die drehen sich auf Knopfdruck beziehungsweise auf Schalterdruck. Mehr als 60 Mühlenmodelle beherbergt das Mühlenmuseum in Dinslaken-Hiesfeld – und manche davon lassen sich über einen gewöhnlichen Lichtschalter neben der Tür in Gang setzen. Dann rotieren die unterschiedlichsten Windmühlen im Raum – von der Schnupftabakmühle bis zum typischen »Holländer«.

Ein weiteres Highlight wartet im Obergeschoss: Per Hand kann von hier aus das Wasserrad bewegen, das unten durch den Rotbach pflügt. Das geht allerdings meist nur noch in den Wintermonaten. Im Sommer führt der Bach kaum bis gar kein Wasser mehr. Früher wurde hier jedoch wirklich gemahlen. 1924 wurde die rund 700 Jahre alte Wassermühle stillgelegt. Ein Mahlwerk aus vergangenen Zeiten gibt es noch im Schuppen neben dem Museum zu bestaunen.

Im Hof des Museums ist ein echter Holzofen installiert. Der Mühlenverein bietet Backkurse an, in denen vom Mahlen des Mehls bis zum Backen im Outdoor-Ofen alles gemacht wird wie anno dazumal. Auch eine komplett erhaltene Windmühle kann besucht werden: Etwa zwei Kilometer vom Museum entfernt steht die Windmühle Hiesfeld. Der Mühlenverein ermöglicht an den Wochenenden die Besichtigung auf vier Etagen, bei der die gesamte historische Windmühle (Baujahr 1822) erkundet werden kann. Der Eintritt in Mühle und Museum ist kostenfrei.

TIPP: Am Mühlenmuseum soll bis Ende 2021 ein barrierefreier Spielplatz entstehen. Ansonsten lohnt auch ein Spaziergang ins idyllische Rotbachtal, das direkt hinter dem Museum beginnt.

Adresse Mühlenmuseum: Am Freibad 2, 46539 Dinslaken; Windmühle Hiesfeld: Sterkrader Straße/Riemenschneider Straße, 46539 Dinslaken // ÖPNV Bus 17, Haltestelle Hiesfeld Badeanstalt (Museum); Bus 26, 918, Haltestelle Sterkrader Straße (Windmühle) // Öffnungszeiten an den Wochenenden (Windmühle je nach Witterung), Auskunft unter www.muehlenmuseum-dinslaken-hiesfeld.de oder Tel. 02064/80696 // ab 6 Jahre

21_ DAS MUSEUM VOSWINCKELSHOF

Stadtgeschichte zum Mitmachen

Ein Museum für Stadtgeschichte – kann das spannend für Kinder sein? Na klar, wenn es nicht nur etwas zu sehen, sondern auch zu tun gibt! Das Dinslakener Museum Voswinckelshof hat sich für kleine Gäste ein umfangreiches museumspädagogisches Programm ausgedacht, bei dem Kinder hautnah erleben können, wie sich das Leben in Dinslaken früher anfühlte.

Das Museum selbst bietet dafür eine tolle Kulisse: Die Grundmauern des alten Hofs gehen bis ins 13. Jahrhundert zurück, die Kochecke in der historischen Schlossküche aus dem 18. Jahrhundert ist noch immer an authentischer Stelle erhalten. Eines der Kinderprogramme des Museums dreht sich auch prompt um diese Küche: Welche Gerätschaften gab es damals? Wie wurde gebacken und gekocht? In einem anderen Workshop geht es nach draußen zum historischen Backhaus, wo die Kinder – begleitet von einem Bäckermeister – echtes Brot im Holzbackofen backen dürfen. Neben dem Backhaus liegt der Färbergarten, in dem lauter Pflanzen wachsen, die früher zum Färben von Textilien Verwendung fanden. Auch hierzu gibt es Programme für Eltern und Kinder.

Wer einfach so auf einen Besuch im Museum vorbeischaut, findet in der ersten Etage ein historisches Klassenzimmer zum Probesitzen und alte Rechenschieber – falls das Kopfrechnen heute nicht so recht klappen will. In den Vitrinen lässt sich Spielzeug aus dem vergangenen Jahrhundert anschauen. Für das Kinderprogramm sollte man sich möglichst zwei bis drei Wochen vorher anmelden.

Adresse Elmar-Sierp-Platz 6, 46535 Dinslaken // ÖPNV Bus 903, 915, Haltestelle Neustraße; Dinslaken Bahnhof mit Anbindung an den Regionalverkehr in circa 1 Kilometer Entfernung // Öffnungszeiten Di–So 14–18 Uhr, Anmeldung zum museumspädagogischen Programm unter Tel. 02064/66727 // ab 5 Jahre

TIPP: Das Museum liegt mitten in der sehenswerten Dinslakener Altstadt, die einen Bummel lohnt. Gleich um die Ecke gibt es zum Beispiel den »Eine Welt Laden«, der nur fair gehandelte Produkte verkauft.

22_DER HERVESTER BRUCH

Heckrinder und Störche

Raus aus der Stadt, rein in die Natur. Wer im Ruhrgebiet lebt, hat es da nicht weit! Direkt oberhalb des dicht besiedelten Kernruhrgebiets fangen auch schon die großen Naturparks an. Der Hervester Bruch in Dorsten gehört zum Naturpark Hohe Mark und punktet auch bei Kindern mit kurzen Wegen und vielen Ausgucken.

Die natürliche Niedermoorlandschaft war in der Vergangenheit für die Landwirtschaft trockengelegt worden. Durch die Bergsenkungen infolge des Kohleabbaus hielt das Wasser dann aber wieder Einzug, und es begann der Umbau zum Naturschutzgebiet. Heute brüten hier Störche und viele seltene Wasservögel. Als Landschaftspfleger sind Heckrinder und Wasserbüffel im Einsatz, die auf ganz natürliche Art die Wiesen kurz halten. Beide Arten erinnern stark an den imposanten Auerochsen, Urahn aller Rinder. So versetzt einen die kleine Wanderung gleich ein bisschen in eine andere Zeit.

TIPP: Falls das Wetter mal zu schlecht für Outdoor-Touren sein sollte: Mit dem »Atlantis« besitzt Dorsten ein Spaßbad mit Tropenlandschaft, Rutschen und Kleinkinderbereich.

Entlang der Spazierrouten, die barrierefrei asphaltiert sind, laden Aussichtspunkte zum Verweilen ein. Ferngläser nicht vergessen, denn mit etwas Glück bekommt man Werner und Luise zu Gesicht, so die Namen des Storchenpaars, das seit einigen Jahren seinen Nachwuchs im Hervester Bruch aufzieht. Im Sommer schwirren außerdem große Libellen durch das Feuchtgebiet und entlang des Wienbachs, der ebenfalls unter Naturschutz steht.

Die »Storchenroute« führt auf rund fünf Kilometern einmal rund durch den Hervester Bruch. Aber auch kürzere Spaziergänge zu den einzelnen Aussichtspunkten lohnen sich.

Adresse Brauckweg 244, 46284 Dorsten // ÖPNV Bus 208, Haltestelle Halterner/Hervester Straße // Öffnungszeiten immer zugänglich // ab 0 Jahre

23_DIE SIEDLUNG FÜRST LEOPOLD

Spiele so wie damals

Wie war das damals eigentlich, als in den Zechen noch die Loren fuhren und die Menschen dicht an dicht in den Zechensiedlungen wohnten? Glücklicherweise sind im Ruhrgebiet viele alte Siedlungen erhalten geblieben. Nach Sanierungen und Modernisierungen sind sie bis heute bewohnt. Aber Vereine wie der Bergbauverein Dorsten geben Einblicke in das Leben, wie es damals war.

Die Siedlung Fürst Leopold in Dorsten-Hervest ist mit Sicherheit eine der schönsten erhaltenen Zechensiedlungen im gesamten Ruhrgebiet. Bis 2008 war hier auf der Zeche sogar noch Betrieb. Bei den vom Bergbauverein organisierten Führungen kann man nachfühlen, wie es sich früher hier lebte. Familien mit bis zu sechs Kindern teilten sich einst eine der maximal 85 Quadratmeter großen Wohnungen. Dafür hatte jede Familie einen Garten, der aber vor allem zum Gemüse- und Obstanbau genutzt wurde.

Bei der speziell auf Kinder zugeschnittenen Führung »Spiel mal wieder« wird darum auch am Siedlungsgarten haltgemacht, der noch heute von Bewohnern der Siedlung gepflegt wird. Außerdem dürfen die Kinder selbst erleben, wie sich Kindheit anno dazumal angefühlt hat. Auf dem Programm stehen verschiedene Draußen-Spiele von früher: Wer gewinnt beim Reifenschlagen? Worum geht es beim Pinnekenkloppen? Und schlägt Mama den Papa im Seilspringen?

Adresse Burgsdorffstraße 74, 46284 Dorsten // **ÖPNV** Bus 74, 208, 274, Haltestelle Hauerstraße // **Öffnungszeiten** Themenführungen für Kinder und ab einer Gruppengröße von 6 Personen nach Vereinbarung unter www.bergbau-dorsten.de; an einem So im Monat offene Führung // ab 5 Jahre

TIPP: Im Osten der Siedlung Fürst Leopold gibt es mit »Parkour-Hervest« einen öffentlichen Parkour-Übungsplatz.

24_DIE TÜSHAUS-MÜHLE

Vom Korn zum Brot

Heutzutage hat man es leicht. Da geht man einfach zum nächsten Bäcker, kauft ein frisches Brot und kann sich sogleich ein leckeres Dubbel schmieren. Dass das in früheren Zeiten nicht ganz so einfach war, davon zeugt das Backhaus, das gegenüber der alten Mühle in Dorsten-Deuten steht. Damit das Brot überhaupt seinen Weg in den mit Holz befeuerten Ofen finden konnte, waren erst viele andere Schritte notwendig.

In der Tüshaus-Mühle können Kinder ab Kindergartenalter bei der Führung »Vom Korn zum Brot« selbst mitmachen, wenn es heißt: Jetzt wird gebacken! Die alte Wassermühle aus dem Jahr 1615 dient als authentische Kulisse. Im Mühleninneren ist darüber hinaus noch die originale Ausstattung vom Ende des 19. Jahrhunderts erhalten. Neben dem Tisch mit den Handmühlen, mit denen die Kids selbst Korn zu Mehl mahlen dürfen, befindet sich die alte Getreidemühle. Bei der Führung geht es durch vier Stockwerke: vom Keller, in dem die alte Ölpresse steht, bis zum Dachgeschoss, das früher als Kornkammer diente. Am Ende der Führung kommen dann die »Mühlenmäuse« in den Ofen und können bald verschmaust werden.

Die Tüshaus-Mühle bietet auch kürzere Führungen ohne gemeinsames Backen an. An jedem zweiten und vierten Sonntag im Monat gibt es offene Führungen, darüber hinaus kann man sich für Besuche anmelden. Für Führungen mit Backaktion sollte man mindestens zu acht sein, kann dafür aber Dauer und Umfang des Besuchs individuell absprechen.

TIPP: Die Tüshaus-Mühle liegt inmitten des Naherholungsgebietes Üfter Mark, das zum Naturpark Hohe Mark gehört. Sportliche Familien können die Wanderschuhe einpacken und noch eine große Runde durch den Wald drehen.

Adresse Weseler Straße 433, 46286 Dorsten // ÖPNV RE14, Haltestelle Deuten Bahnhof // Öffnungszeiten Führungen am 2. und 4. So im Monat, weitere Besuche auf Anfrage unter www.tueshaus-muehle.de // ab 3 Jahre

25_DER ABENTEUER-SPIELPLATZ SCHARNHORST

Ab aufs Pferd!

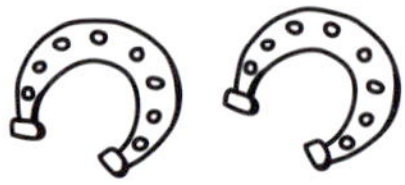

Neun Pferde, vom einen Meter kleinen Shetlandpony bis zum 1,74 Meter großen Warmblut, sind auf dem Abenteuerspielplatz Scharnhorst zu Hause – und natürlich einer der Gründe, warum das Gelände an der Flughafenstraße so beliebt bei Kindern bis ins Jugendalter ist. Das pädagogische Team des Spielplatzes macht unter der Woche jeden Tag zwei Reitangebote. Ab 13.30 Uhr und dann noch mal ab 16 Uhr heißt es: Ab in den Sattel! Aber nicht nur das. Pferdepflege und ganz viel Wissen rund ums Pferd werden hier vermittelt. Denn die Kids sollen nicht nur Spaß haben, sondern auch lernen, Verantwortung zu übernehmen.

Anmelden muss sich zu den Aktionen des Abenteuerspielplatzes niemand. Wer kommt, der kommt – und im Zweifel wird dann ausgelost, wer heute beim Reiten oder bei anderen Angeboten dabei sein darf. Und wenn das Losglück mal auf sich warten lässt, ist das auch nicht schlimm. Denn auf dem weitläufigen Gelände gibt es immer was zu tun. Hühner pflegen und Eier sammeln zum Beispiel. Oder den Hammer schwingen und den großen Bauspielbereich um die nächste Hütte erweitern. Das Team des Abenteuerspielplatzes steht dabei mit Rat und Tat zur Seite.

Kinder ab Grundschulalter verbringen ihre Freizeit gern ganz autonom auf dem Spielplatz. Aber auch Kleinkinder sind in Begleitung der Eltern willkommen. Vor allem auch im Sommer zum Planschen: Dann wird das Wasserbecken etwa schienbeintief mit Wasser gefüllt.

Adresse Flughafenstraße 512, 44328 Dortmund // ÖPNV Bus 420, Haltestelle Kautskystraße; U 42, U 46, Haltestelle Droote // Öffnungszeiten Mo–Fr 13–18 Uhr // ab 3 Jahre

TIPP: In Dortmund-Scharnhorst gibt es mit »Die Welle« ein chlorfreies Hallenbad. Das Wasser enthält stattdessen Sole und hat einen Salzgehalt von 0,3 Prozent.

26_DER ADLERTURM

Die Stadt im Mittelalter

Ruhrgebietsgeschichte wird meist mit Industrialisierung, Kohle und Stahl verbunden. Dabei gab es auch eine Zeit davor, die nicht weniger interessant ist. Im Kindermuseum Adlerturm am Dortmunder Ostwall dreht sich alles rund ums Mittelalter, eine Zeit, für die Kinderherzen ohnehin schon schlagen. Und Eltern seien gewarnt: Dieses Museum wird die Begeisterung für Ritter, Kanonen und Kettenhemden sicher nicht schmälern.

Der Spaß fängt nämlich bereits am Museumseingang an. An der Garderobe dürfen die Kids sich ein mittelalterliches Gewand ausleihen und direkt überziehen. Danach geht es Treppe für Treppe den Turm hinauf. Das Museum ist im wiederaufgebauten ehemaligen Wachturm aus dem 14. Jahrhundert untergebracht. Dieser sicherte in früheren Zeiten die Stadtmauer, die genau hier am Wall entlang verlief. Spielerisch lernen die Kinder Etage für Etage die mittelalterliche Geschichte der Stadt Dortmund kennen, die bis ins 14. Jahrhundert eine aufstrebende und wohlhabende Gemeinde war – Hellweg und Hanse sei Dank. Untermalt wird das Ganze durch Hör- und Riechstationen, Videoaufnahmen und Ritterrüstungen zum Angucken und Anprobieren.

Der Eintritt ins Museum ist kostenfrei (außer bei Sonderausstellungen). Einmal im Monat gibt es einen Familiensonntag mit Spiel- und Bastelaktionen. Wer Lust hat, kann sich übrigens auch selbst engagieren: Das Museum hat einen eigenen Kinder- und Jugendbeirat, der über die Entwicklung des Museums mitbestimmt.

TIPP: Direkt vor dem Museum lässt es sich auf dem Spielplatz toben, der einer Hansekocke, also einem alten Handelsschiff, nachempfunden ist. Ein prima Schokoeis gibt es bei »Pott au Chocolat« nur einen kurzen Fußmarsch in Richtung Innenstadt entfernt.

Adresse Ostwall 51a, 44135 Dortmund // **ÖPNV** U 41, U 42, U 45, U 46, U 47, U 49, Haltestelle Stadtgarten; S 4, Haltestelle Stadthaus // **Öffnungszeiten** Mi–So 11–18 Uhr, Kindergeburtstagsfeiern und Führungen auch außerhalb der Öffnungszeiten, Anmeldung unter Tel. 0231/5026028 // ab 5 Jahre

27_DIE DASA

Arbeitswelten, die faszinieren

Dortmunder Arbeitsweltausstellung – das klingt irgendwie trocken. Wer aber auch nur einen Fuß in die mit 13.000 Quadratmetern durchaus gigantisch zu nennenden Ausstellungshallen setzt, wird schnell vom Gegenteil überzeugt. Hier gibt es Arbeitswelten zum Angucken, Anfassen, Einsteigen – und sogar Mitfahren! Ein Highlight der Ausstellung ist sicherlich die »Erlebnisbahn«, in der man in 45 Sekunden eine herrlich gruselige und zugleich lehrreiche Fahrt in die Welt der Arbeitssicherheit unternimmt. Beim Platznehmen im Gabelstaplerwagen heißt es: Anschnallen! Dann geht es rumpelig-ruckelig in den dunklen Tunnel hinein – und mehr wird jetzt nicht verraten.

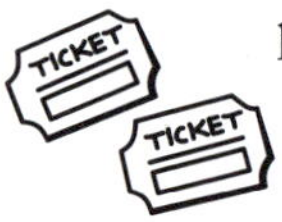

Auch der Rest der Ausstellung hat genug Spannendes und Unterhaltsames zu bieten. Wie bequem sind die Sitze der alten Straßenbahn, Baujahr 1930? Steht mir ein echter Feuerwehrhelm? Und wie laut waren dampfmaschinenbetriebene Webmaschinen? DASA-Museumsgäste erfahren das alles hautnah – und manchmal mit dem entsprechenden Arbeitsschutz ausgestattet, denn bei 90 Dezibel braucht es natürlich etwas auf die Ohren.

Ist drinnen alles gesehen und ausprobiert, geht es nach draußen auf die Kinderbaustelle. Hier können Kids ab fortgeschrittenem Kindergartenalter spielerisch lernen, wie ein Haus gebaut wird. Für die Erwachsenen gibt es übrigens ein Äquivalent: Auf der Tief- und Hochbau-Baustelle gibt es regelmäßig Vorführungen, bei denen Mama oder Papa auch mal selbst den Mini-Bagger bedienen dürfen.

TIPP: Unweit des Museums befindet sich die Dortmunder Universität. Dort kann man mit der H-Bahn eine Fahrt in luftiger Höhe unternehmen. Kleine Fans von Bussen, Straßen- und U-Bahnen werden es lieben!

Adresse Friedrich-Henkel-Weg 1–25, 44149 Dortmund, www.dasa-dortmund.de // **ÖPNV** Bus 447, Haltestelle Bundesanstalt für Arbeitsschutz; S 1, Haltestelle Dortmund-Dorstfeld Süd // **Öffnungszeiten** Mo–Fr 9–17 Uhr, Sa, So und Feiertage 10–18 Uhr // ab 4 Jahre

28_DER HOESCHPARK

The American Way of Sports

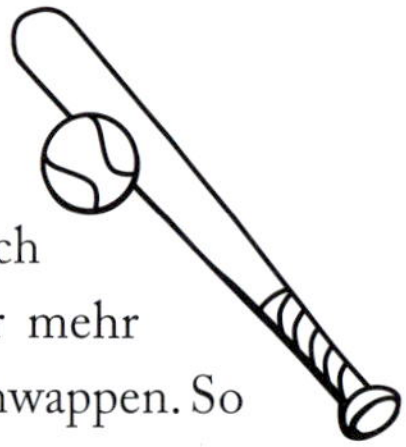

Sport im Ruhrgebiet, da denkt man als Erstes an den guten alten Fußball. Und diese Tradition wird wohl auch nie aussterben. Trotzdem ist es schön, dass immer mehr Sportarten von Übersee in den Ballungsraum Ruhr schwappen. So kann man mal was Neues ausprobieren oder auch nur zugucken. Kleiner Tipp: Vor dem Besuch im Hoeschpark sollte man sich ein bisschen mit den Regeln amerikanischer Sportarten vertraut gemacht haben. Denn ganz so leicht sind Baseball und American Football dann doch nicht zu verstehen.

Betritt man die weitläufige Grünanlage zwischen Borsigplatz und ehemaliger Westfalenhütte vom Parkplatz aus kommend, läuft man direkt auf das Baseballfeld der Dortmund Wanderers zu. Von dort aus schräg rechts liegt das Feld der Giants, des Dortmunder Footballclubs. In der Saison finden hier regelmäßig Spiele statt – mit etwas Glück verkaufen die Eltern der spielenden Kids und Teens dann Kuchen und kühle Getränke. So macht das Zuschauen direkt noch mehr Spaß. Und vielleicht findet sich dazu noch ein Profi, der einem die Regeln erklärt.

Wer selbst sportlich aktiv werden will, kann den öffentlichen Rasenplatz mit Tartanbahn nutzen. Außerdem gibt es ein Basketballfeld und eine überdachte Tischtennisplatte. Die Stadt Dortmund hat zudem weitere Pläne für den Ausbau: Ein 1,5 Kilometer langer Rundweg soll als »Sport-Loop« mit diversen Stationen von Boulderwand bis Trampolin ausgebaut werden. Für die Kleinsten gibt es schon jetzt einen Spielplatz, der auch einen Wasserspielbereich hat.

Adresse Kirchderner Straße 35–43, 44145 Dortmund // ÖPNV U44, Haltestelle Vincenzheim // Öffnungszeiten jederzeit zugänglich, Spielzeiten Baseball unter www.dortmund-wanderers.de, American Football unter www.dortmund-giants.de // ab 3 Jahre

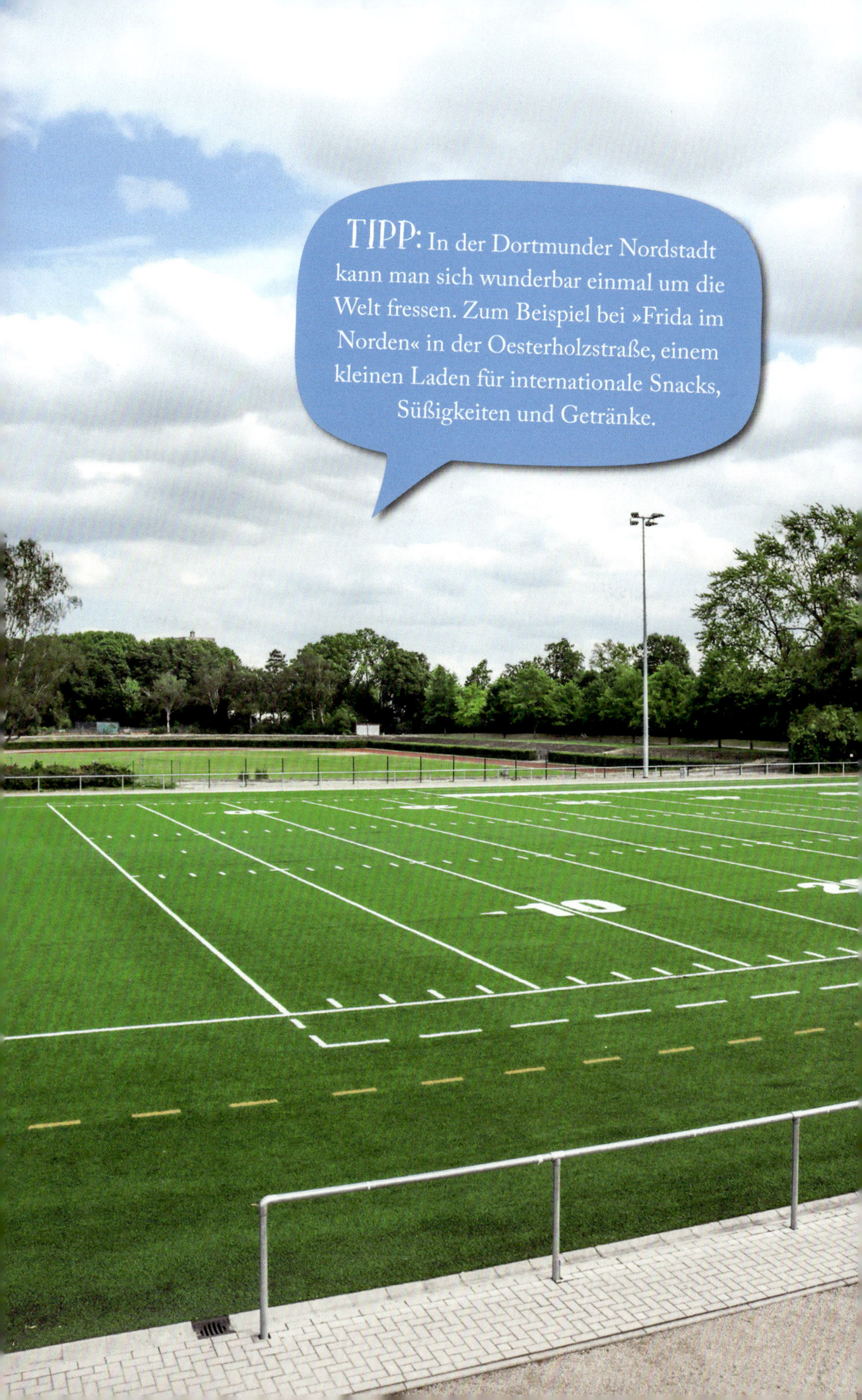

TIPP: In der Dortmunder Nordstadt kann man sich wunderbar einmal um die Welt fressen. Zum Beispiel bei »Frida im Norden« in der Oesterholzstraße, einem kleinen Laden für internationale Snacks, Süßigkeiten und Getränke.

29_DAS KINDERMUSEUM »MONDO MIO!«

Die ganze Welt zum Anfassen

Ein Museum extra für Kinder – das ist das Dortmunder »mondo mio!«. Hier können schon Kinder ab Krabbelalter spielerisch verschiedene Welten erkunden. Spannender und lehrreicher wird es natürlich ab Kindergarten- und Grundschulalter. In verschiedenen Bereichen erfahren die Kids viel Wissenswertes über das Leben in anderen Ländern und Kulturen.

Wie wird der Kakao für meine Schokolade hergestellt? Und warum ist es so wichtig, dass dafür faire Preise gezahlt werden? Wie viele Kilometer legt ein einziges T-Shirt zurück, bis ich es im Laden kaufen kann? Und warum sind fünf Euro für ein Kleidungsstück darum kein angemessener Preis? Wie oft muss ein Kind in Afrika zum Brunnen laufen, um genug Wasser für einen Tag zu holen? Und wie viel wiegt so ein Eimer Wasser?

Kinder bekommen hier nicht nur mit, wie schön und spannend das Leben in anderen Ländern sein kann, sondern sie lernen auch, die eigenen Privilegien einer Kindheit in Mitteleuropa zu schätzen. Themen wie Nachhaltigkeit und Umweltschutz werden kindgerecht vermittelt. Nachbauten von indischen, brasilianischen oder südafrikanischen Häusern dürfen betreten und mit allen Sinnen erlebt werden. Für Klein- und Krabbelkinder gibt es den Extra-Bereich »Weltenkinder« mit kuscheligen Höhlen, einer Verkleidungsecke und einer Multikulti-Spielküche.

Das Kindermuseum »mondo mio!« liegt im Westfalenpark Dortmund und kann nach kostenpflichtigem Eintritt in den Park gratis besucht werden.

TIPP: Unbedingt Zeit für den Westfalenpark mit einplanen! Hier gibt es unter anderem eine Seilbahn, die einen in 3,20 Metern Höhe durch den Park trägt, eine Bimmelbahn und viele Spielplätze.

Adresse Westfalenpark, Florianstraße 2, 44139 Dortmund, www.mondomio.de // ÖPNV U 45, U 49, Haltestelle Westfalenpark // Öffnungszeiten Di–Fr 13.30–17 Uhr, Sa, So und Feiertage 11–18 Uhr // ab 0 Jahre

30_DAS KINDERWAGENKINO

Filmkunst für junge Familien

Endlich mal wieder ins Kino gehen – für frischgebackene Eltern ist das gar nicht so einfach, denn kleine Babys lassen sich nur ungern für mehrere Stunden bei Großeltern oder Babysittern abgeben. Wie gut, dass es das Kinderwagenkino gibt! Das »KiWaKi« ist einzigartig in NRW und findet einmal pro Monat im sweetSixteen-Kino statt. Schon der Ort an sich ist etwas Besonderes: Das Filmkunstkino liegt im Dortmunder Kulturort Depot, einer ehemaligen Straßenbahnwerkstatt, die heute Raum und Atmosphäre für eine Vielzahl von Kulturveranstaltungen bietet.

Jeden dritten Montag im Monat (Achtung: Programm beachten, da es Ausnahmen geben kann!) werden im Kinosaal Stühle gerückt, Sessel geschoben und Teppiche ausgerollt, um Platz für Eltern und Babys bis circa zwölf Monaten zu schaffen. Während Mama und Papa dem Film auf der Leinwand folgen, können die Babys auf dem Teppich liegen oder herumkrabbeln. Der Ton ist auf babyfreundliche Lautstärke eingestellt und das Licht zwar kinotauglich gedimmt, aber noch hell genug zum Füttern und Wickeln.

Welcher Film gezeigt wird, das entscheiden die Kinogäste selbst vor Ort. Zur Auswahl steht stets das gesamte Filmprogramm der jeweils aktuellen Woche – per Abstimmung wird dann gewählt, welcher Film gestartet wird. Während hier der Elterngeschmack entscheidet, gibt es an den Wochenenden auch ein Filmprogramm extra für Kinder: »Schokokuss & Brause« mit Filmen aus dem Kinderprogramm.

TIPP: Zwei- bis dreimal im Jahr findet im Depot ein großer Kinderflohmarkt statt. In den überdachten Hallen stöbert es sich wetterunabhängig, Kinderangebote wie Clown-Vorführungen sorgen für Abwechslung bei den Kleinsten.

Adresse Immermannstraße 29, 44147 Dortmund // **ÖPNV** U 41, Bus 411, 453, Haltestelle Immermannstraße // **Öffnungszeiten** aktuelles Programm unter www.sweetsixteen-kino.de // ab 0 Jahre

31_ DAS KITZ.DO

Kittel an und losgeforscht!

Ist Meereis salzig? Wie baut man eine Teebeutel-Rakete? Und was kann ein 3-D-Drucker drucken? Das sind nur einige wenige Fragen, die Kinder sich im KITZ.do selbst beantworten können. »Selbst beantworten« ist genau das richtige Stichwort, denn das Dortmunder Forschungszentrum für Kinder und Jugendliche hat sich nicht umsonst den Untertitel »Neugier macht schlau« gegeben.

In den Räumlichkeiten am Rheinlanddamm können Kinder ab Grundschulalter echte Experimente machen und an eigenen Projekten arbeiten. Oder aber sie schließen sich einer »Forschergruppe« an und befassen sich im Team mit wissenschaftlichen Fragestellungen. Der Grundsatz des KITZ.do-Teams lautet dabei immer »begleiten statt anleiten«. Die wissenschaftlichen Mitarbeitenden in den Laboren und Werkstätten passen sich den Interessen und Alltagsfragen der Kinder und Jugendlichen an und unterstützen sie dabei, eigene Antworten und Lösungen zu finden.

TIPP: Während die großen Geschwister im KITZ.do forschen, können sich die Kleinen mit den Eltern die Zeit auf dem Spielplatz mit Wasserstelle am Südwestfriedhof vertreiben. Der Eingang liegt zwischen Haupteingang und Café.

Früher wurden die Räumlichkeiten vom Max-Planck-Institut als Labore genutzt – über das professionelle Equipment freuen sich jetzt die kleinen Forscherinnen und Forscher. Das fängt schon beim Umziehen an: Im »Kittelraum« werfen die Kids sich zunächst in den Forscherdress, und dann kann es losgehen! Dank der pädagogischen Betreuung dürfen Kinder ihre Nachmittage hier auch ohne Eltern verbringen. Die Forschergruppen finden in der Regel am Nachmittag zwischen 15 und 18 Uhr statt. An den Wochenenden gibt es gelegentlich Eltern-Kind-Angebote.

Adresse Rheinlanddamm 201 (Zufahrt über Harnackstraße), 44139 Dortmund // **ÖPNV** U 45, U 46, Bus 450, Haltestelle Westfalenhallen // **Öffnungszeiten** Mo–Fr circa 15–18 Uhr, an Wochenenden gelegentlich Eltern-Kind-Angebote, Termine unter www.kitzdo.de // ab 6 Jahre

32_DAS KJT

Theater mit Tradition

Mit dem Gründungsjahr 1953 gehört das Kinder- und Jugendtheater der Stadt Dortmund zu den ältesten in ganz Deutschland. Verstaubt ist es deswegen noch lange nicht! Denn Ziel des Theaters ist immer auch die Auseinandersetzung mit aktuellen Themen. Was beschäftigt Kinder und Jugendliche? Welchen Herausforderungen müssen sie begegnen? Was hilft ihnen auf dem Weg ihrer Entwicklung?

Dafür stellt auch schon mal eine sechste Klasse ihre »Corona-Tagebücher« zur Verfügung, aus denen dann ein ganzes Theaterstück entsteht. In manchen Jugendstücken geht es um Depressionen, um Liebe und Hass oder darum, was passiert, wenn man mal so richtig Scheiße gebaut hat. Andere Stücke bringen den Kids die große Literatur nahe – und machen damit auch den Schulstoff angenehmer. Stücke von Lessing, Dickens oder Schiller werden immer wieder aufgegriffen und zeitgemäß inszeniert.

Auch für kleinere Kinder ab vier Jahre hat das Ensemble, das aus vier Schauspielerinnen und vier Schauspielern besteht, regelmäßig etwas im Programm. Bis zu zehn Produktionen entwickelt das KJT-Team pro Jahr. Aufgeführt werden die Stücke im eigenen Haus in Hörde. Der große Saal fasst bis zu 150, das kleine »Sckelly« bis zu 60 Zuschauerinnen und Zuschauer.

Jugendliche, die selbst Lust aufs Spielen haben, können sich bei Jugendprojekten einbringen. Der Theaterclub bietet mehrere Spielgruppen für Kinder und Jugendliche unterschiedlichen Alters an.

TIPP: Mit dem Phoenix-See besitzt Hörde ein noch recht junges Naherholungsgebiet. Der Rundweg um den künstlich angelegten See umfasst 3,2 Kilometer. Cafés und Spielplätze laden zu Pausen am Wasser ein.

Adresse Sckellstraße 5, 44141 Dortmund // **ÖPNV** Bus 453, Haltestelle Salzwedeler Straße; U 41, U 45, U 47, U 49, Haltestelle Märkische Straße // **Öffnungszeiten** Spielplan unter www.theaterdo.de/kjt // ab 4 Jahre

33_DAS KREATIVCAFÉ MOMENTMAL

Keramik bemalen für Groß und Klein

Was bietet man seinen Kindern an, wenn Buntstifte, Wasserfarben und Wachsmaler zu langweilig geworden sind? Wie wäre es mit Keramik-Bemalung? Das Kreativcafé Momentmal im Dortmunder Klinikviertel trägt seinen Titel nicht umsonst: Hier können sich Groß und Klein kreativ verausgaben.

Am Anfang steht allerdings die Qual der Wahl: Welches Objekt soll bemalt werden? Von kleinen dekorativen Figürchen über Eierbecher, Schüsseln und Tassen bis hin zu großen Blumenvasen ist alles da, was das Kinder- oder Elternherz begehrt – oder worüber sich Oma und Opa freuen. Hat man sich entschieden, gibt es 250 Keramikmalfarben, aus denen man maximal sechs auswählen sollte. Das jedenfalls empfiehlt das Team des Ladens, das einem mit Rat und Tat zur Seite steht.

Vor jeder Malaktion gibt es eine kleine Einführung durch die Betreiberinnen des Ladens. Im Malraum des »Momentmal« ist Platz für bis zu 30 Kreative. Für einen Besuch sollte mindestens eine Stunde eingeplant werden. Will man auch noch eine leckere Waffel verschmausen, kann man gern noch mehr Zeit mitbringen.

Zum Bemalen der Keramik gibt es für Kinder spezielle Pinsel, die etwas starrer sind und weniger schnell wegflutschen. Neben den Pinseln werden Paletten, Farben und Schürzen zur Verfügung gestellt. Auch das Brennen der Keramik ist im jeweiligen Preis enthalten. Die fertigen Objekte können dann spätestens eine Woche nach dem Bemalen im Laden abgeholt werden.

Adresse Gutenbergstraße 70–72, 44139 Dortmund, www.momentmal-dortmund.de // **ÖPNV** U 42, Haltestelle Städtische Kliniken; S 4, U 41, U 47, U 49, Haltestelle Stadthaus // **Öffnungszeiten** Di–Fr 14–19 Uhr, Sa 10–14 Uhr // ab 6 Jahre

TIPP: Falls die Schürze nicht ausgereicht hat und das Kind nach dem Keramik-Bemalen neu eingekleidet werden muss: Schräg gegenüber liegt der »Bambini Kinder Second Hand«-Laden.

34_DER LERNBAUERNHOF SCHULTE-TIGGES

Landwirtschaft zum Mitmachen

Den Lernbauernhof Schulte-Tigges kann man nicht einfach so besuchen, sondern erst nach Anmeldung zu einem der vielen Projekte, die das Team rund ums Jahr auf die Beine stellt. Der Grund: Das hier ist ein Mitmachhof. Wer kommt, soll nicht nur zugucken, sondern direkt mit anpacken, dabei Spaß haben und ganz nebenbei viel über Natur, Tiere und Landwirtschaft lernen.

Die Kulisse könnte authentischer nicht sein: Erstmals urkundlich erwähnt wurde der Hof Schulte-Tigges bereits im 14. Jahrhundert. Nachwuchslandwirt Elmar steht also in einer langen Tradition – und das, obwohl er als studierter Geograf zunächst gar nicht daran dachte, den Hof von seinem Vater zu übernehmen. Nach einer Ausbildung zum Bauernhofpädagogen entstand dann aber gemeinsam mit seiner Frau Miriam der Lernbauernhof, der mittlerweile per BNE-Zertifizierung als vorbildlicher Lernort für nachhaltige Entwicklung ausgezeichnet ist.

Herzstück des erlebnispädagogischen Programms sind die Jahreskurse. Das gesamte landwirtschaftliche Jahr hindurch kommen Kinder ab vier Jahre einmal im Monat auf den Hof und helfen bei allem, was anfällt: Gemüse pflanzen, Pferde pflegen, Hühner füttern, Kartoffeln ernten … Auf den Feldern des Hofs wachsen im Rahmen der Solidarischen Landwirtschaft immerhin bis zu 60 Gemüsesorten! In den Ferien gibt es auch Kurse mit Übernachtung sowie übers Jahr verteilt immer wieder Projekttage für Kinder in Begleitung der Eltern.

TIPP: Von Dortmund-Derne aus ist es nicht weit nach Lünen. Dort kann man zum Beispiel am Cappenberger See spazieren gehen und Tretboot fahren.

Adresse Kümper Heide 21, 44329 Dortmund // **ÖPNV** Bus 410, 411, Haltestelle Derne Auf dem Brink // **Öffnungszeiten** nur nach vorheriger Anmeldung, Infos und Termine unter www.lernbauernhof-schultetigges.de // ab 4 Jahre

DORTMUND

35_DIE »MILIO«-KINDERMODE

Bunt, selbst genäht und mitwachsend

Selbst genähte Kleidung in praktischen Schnitten und individuellen Designs – davon träumen viele Eltern für ihre Kinder. Aber die wenigsten haben die Zeit oder das handwerkliche Geschick, diese Träume in die Tat umzusetzen. »milio design«-Gründerin Karin Götz hat diesen Wunsch erkannt und sogleich Abhilfe geschaffen: In ihrem kleinen Laden mitten im beliebten Dortmunder Kreuzviertel verkauft sie selbst genähte Kleidung nicht nur in kleinen Größen, sondern immer öfter auf Wunsch auch in Jugend- und Erwachsenengrößen.

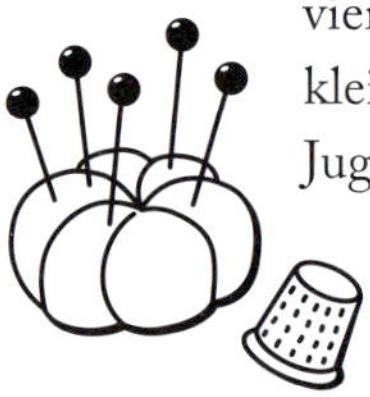

Wer direkt etwas mit nach Hause nehmen will, hat die besten Chancen, wenn das Kind im Baby- bis Kindergartenalter ist. Die Ausstellungsstücke im Laden gehen meist bis Größe 116 und sind besonders nützlich designt. Jerseystoffe und Cord aus nachhaltiger Produktion oder recycelte Jeans sind widerstandsfähig und machen alles mit. Mitwachs-Bündchen sorgen dafür, dass die Kleidung lange passt. Und während die Eltern stöbern, können sich die Kinder in der Spielecke beschäftigen.

Der Name »milio design« geht auf Karins ersten Sohn zurück, der auf den Namen Emilio hört. Nach seiner Geburt wurde es der studierten Architektin schwer gemacht, in ihren Beruf zurückzukehren, und sie machte aus der Not eine Tugend: Seit 2010 ist die Autodidaktin nun hauptberuflich als Designerin und Produzentin nachhaltiger (Kinder-)Kleidung unterwegs und verkauft ihre Mode auch über den eigenen Onlineshop.

TIPP: Nur zweimal abbiegen, und man ist auf dem Spielplatz »Neuer Graben«, der in einem ruhigen Hinterhof liegt und sich prima für Kinder bis sechs Jahre eignet. Direkt davor findet sich eine Eisdiele mit leckeren Eiskreationen.

Adresse Schillingstrasse 21, 44139 Dortmund, www.shop.milio-design.de // **ÖPNV** U 46, Haltestelle Saarlandstraße; Bus 452, 453, Haltestelle Vinckeplatz; S 4, Haltestelle Möllerbrücke // **Öffnungszeiten** Di – Fr 12 – 18 Uhr, Sa 10 – 14 Uhr // ab 0 Jahre

36_DAS MÜTTERZENTRUM

Von Eltern für Eltern

Gemütlich Kaffee trinken gehen – Eltern wissen, dass dieser Wunsch gar nicht so leicht zu erfüllen ist. Jedenfalls dann nicht, wenn man ein wuseliges Baby oder ein forderndes Kleinkind im Schlepptau hat. Deswegen ist es so gut, dass es Orte wie das Mütterzentrum Dortmund gibt. Herzstück des Hauses ist das Café, in dem große Tische Platz auch für Gruppen von Eltern mit Kindern bieten.

Über schreiende Babys oder laute Kleinkinder beschwert sich hier garantiert niemand. Mit dem »Kinderzimmer« gibt es sogar einen direkt angrenzenden Spielraum, in dem das Team des Mütterzentrums zu manchen Zeiten Bastel- und andere Angebote macht.

Möglich ist das aufgrund des großen ehrenamtlichen Engagements, auf dem das Konzept des Mütterzentrums basiert. Einen Ort von Eltern für Eltern zu schaffen – das war die Absicht der Gründerinnen. Mittlerweile ist das Mütterzentrum Dortmund zu einem Haus mit vielfältigen Angeboten herangewachsen, beherbergt heute auch eine Hebammenpraxis und eine Musikschule. Das Grundprinzip des Hauses ist dennoch nach wie vor zu spüren. Viele Eltern und Großeltern bieten ehrenamtlich ihre Hilfe an, organisieren Kurse und Elterngruppen, Repaircafés und einiges mehr.

Auch mit etwas älteren Kindern lohnt sich der Besuch. Im Zimmer für die »Großen« gibt es einen Kicker, und im Sommer lädt der Garten zum Schaukeln, Klettern und Buddeln ein. Und wenn das alles nicht zieht, hilft immer noch dieses Lockmittel: Die Waffeln werden garantiert frisch gebacken!

Adresse Hospitalstraße 6, 44149 Dortmund, www.muetterzentrum-dortmund.de // **ÖPNV** S 1, S 2, S 4, RB 32, Bus 447, 465, 466, Haltestelle Dortmund-Dorstfeld // **Öffnungszeiten** Café: Mo–Fr 10.30–18 Uhr // ab 0 Jahre

TIPP: In 500 Metern Entfernung liegt der Schulte-Witten-Park mit dem Kinder- und Jugendliteraturzentrum »Jugendstil«. Hier können kleine Literaten in Bücherwelten abtauchen und sich mit dem Kulturgut Sprache auseinandersetzen.

37_DAS NATURMUSEUM

Vom Dino übers Mammut bis heute

Nagelneu strahlt das erst 2020 nach Komplettsanierung eröffnete Naturmuseum innen. Der von außen weiterhin unscheinbare 80er-Jahre-Bau weckt mit der Ausstellung Begeisterung für Natur und Erdgeschichte – dank der durchdachten Gestaltung und Präsentation der Objekte auch schon bei Kids und Teens. An jeder Ecke gibt es etwas zum Anfassen, Aufklappen und Hineinschauen. An der Riechstation können Düfte aus der Natur erschnuppert werden. Und wer erkennt die Singvögel beim Vogelstimmenquiz? Beim Tierspurenraten reicht ein leichter Druck auf die entsprechende Spur, und es ertönt der Laut des jeweiligen Tieres. Im Dunkelraum lassen sich die Tiere per Taschenlampe anleuchten, und sogleich kommt vom Band eine kleine Erklärung.

Ziel des Naturmuseums, dessen Geschichte bis ins Jahr 1912 zurückgeht, ist die anschauliche Vermittlung der heimischen Natur und Erdgeschichte. Auf der ersten Etage dreht sich alles um die heimische Pflanzen- und Tierwelt. Wer nach viel Input schon leicht erschöpft ist, nimmt sich eine Auszeit im Aquarium. 90.000 Liter umfasst das Becken von 21 Metern Umfang, das man umrunden kann, wobei man die Unterwasserwelt der sauerländischen Talsperren kennenlernt. Im zweiten Stockwerk tauchen die Museumsgäste dann in die Erdgeschichte ein. Hier gibt es auch ein echtes Mammutskelett zu sehen, von einem Weibchen, was in Deutschland eine echte Seltenheit ist.

TIPP: Gleich gegenüber liegt der Fredenbaumpark mit dem großen Abenteuerspielplatz und der besonderen Attraktion »Big Tipi«, einem 35 Meter hohen Indianerzelt.

Adresse Münsterstraße 271, 44145 Dortmund, www.naturmuseum-dortmund.de // ÖPNV U 41, U 45, Bus 410, 411, 412, Haltestelle Fredenbaum // Öffnungszeiten Di–So 10–18 Uhr, Dauerausstellung kostenfrei, Gebäude barrierefrei // ab 4 Jahre

38_DIE REGENBOGEN-BRÜCKE

Bunt leuchtende A 40

Rot, Orange, Gelb, Grün, Blau, Indigo und Violett – das sind die sieben Spektralfarben, besser bekannt als Regenbogenfarben. Kein Wunder, dass sich Kunstschaffende immer wieder von ihnen inspirieren lassen und mit ihnen unseren Lebensraum verschönern. Genau so ist es auch bei der Regenbogenbrücke, die auf Höhe Dortmund-Dorstfeld die Hauptverkehrsader des Ruhrgebiets überspannt.

Fährt man bei Dunkelheit über die A 40 auf sie zu, sieht man plötzlich ihr buntes Leuchten. Und es wird noch besser: Sobald man ihr näher kommt, beginnt das bunte Licht zu flackern und tanzt fröhlich in den Augen. Eigentlich ist es schade, dass man mit dem Auto hier 100 Kilometer pro Stunde fahren darf. Da hilft nur eins: nächste Ausfahrt raus und noch mal in der Gegenrichtung zurückfahren, um das Spektakel erneut zu genießen. Nur der Fahrer natürlich nicht, der muss gut auf den Verkehr aufpassen!

Die Alternative ist aber auch wunderbar: Man kann entweder den Parkplatz der Technischen Universität auf der Südseite der Brücke anfahren oder den DASA-Parkplatz auf der Nordseite und das Farbenspiel auf dem Fußweg auf sich wirken lassen. Dass wir die Brücke in Regenbogenfarben bis heute bewundern dürfen, haben wir übrigens der Hartnäckigkeit des Künstlers Thomas Haagen zu verdanken. Die Lichtkunst an der Brücke war seit 1987 Guerilla-Kunst und wurde erst mit deren Abriss und Neubau im Jahr 2008 von der Stadt Dortmund bewusst akzeptiert. Davor hatte der Künstler sogar mal eine Strafanzeige für das wiederholte Anbringen der Lichter kassiert.

Adresse A 40, zwischen Ausfahrt Dortmund-Dorstfeld und Dortmund-Barop, 44149 Dortmund // ÖPNV Bus 445, 462, Haltestelle Emil-Figge-Straße; S 1, Haltestelle Dortmund Universität // Öffnungszeiten immer zugänglich, strahlt nur nachts // ab 0 Jahre

TIPP: Der Umweltkulturpark auf dem Gelände der Technischen Universität Dortmund hat sich der Permakultur verschrieben und beinhaltet unter anderem Streuobstwiesen, auf denen es vor allem alte Sorten zu entdecken gibt. Pflücken erlaubt!

39_DER ROMBERGPARK

Wie viele Mammutbäume findest du?

Los geht's auf Mammutbaum-Schnitzeljagd! Im Dortmunder Rombergpark wird der Spaziergang zum Erlebnis – dazu muss man nur in die Höhe blicken. Denn im sogenannten »Arboretum« wachsen ganz besondere Bäume, und davon eine Menge! 88 Mammutbäume wurden in den letzten Jahren gepflanzt. Manche sind noch verhältnismäßig klein, manche bieten jedoch bereits einen stattlichen Anblick.

»Arboretum«, das ist der Fachbegriff für eine Gehölzsammlung, wie sie im Rombergpark ausgestellt ist. Die Baumausstellung funktioniert so: Die Stadt Dortmund siedelt im Park seltene oder imposante Gehölze an, die zu einer bestimmten geografischen Zone gehören. Die nordkalifornischen Küstenmammutbäume befinden sich demnach im Nordamerikateil des Parks, dem »Redwood«.

Der Name kommt von der Farbe der Mammutbäume, deren Stämme eine rötliche Färbung aufweisen. Diesen Stämmen einen regelmäßigen Besuch abzustatten lohnt sich: Mammutbäume werden über 100 Meter hoch und wachsen pro Jahr bis zu einen Meter . So kann man ihnen quasi beim Wachsen zusehen. Oder man verlegt sich aufs Zählen. Wenn jeder, der einen Mammutbaum sieht, laut »Törööö!« ruft, wird es schnell ganz schön laut im Park!

Wer genug Bäume gesucht hat, kann Schildkröten sichten, die sich am Rand des großen Sees sonnen, oder eine Pause auf dem Spielplatz einlegen. Bei schlechtem Wetter lohnt sich ein Abstecher in die Pflanzenschauhäuser des Botanischen Gartens Rombergpark.

Adresse Am Rombergpark 35a, 44225 Dortmund // **ÖPNV** U 49, Haltestelle Rombergpark // **Öffnungszeiten** immer zugänglich, Pflanzenschauhäuser je nach Saison // ab 0 Jahre

TIPP: Direkt neben dem Rombergpark kann man durch eine künstlich angelegte Dünenlandschaft spazieren. Da kommt Urlaubsfeeling auf!

40_DIE SITZKISSEN-KONZERTE

Klassisches für kleine Ohren

Streichquartett im Live-Auftritt statt »Vogelhochzeit« aus der Stereoanlage: Die Dortmunder Philharmonie macht's möglich! In Dortmund gibt es mit den Sitzkissenkonzerten ein Programm, das extra für Kinder zwischen drei und sechs Jahren entwickelt wurde. Die Konzerte, zu denen bis zu 100 Kinder pro Vorstellung kommen dürfen, finden in lockerer Atmosphäre im Foyer der Philharmonie statt. Platz genommen wird nicht im viel zu großen Konzertsessel, sondern auf gemütlichen Kissen, die rund um die Musikerinnen und Musiker am Boden angeordnet sind. So sind die kleinen Augen – und vor allem die Ohren – ganz nah dran am Geschehen.

Die Konzerte sind stets in eine liebevolle Handlung verpackt – und Mitmachen ist erwünscht. Wenn zum Beispiel Inola, die Häuptlingstochter, durch die Prärie reitet, müssen die kleinen Gäste auch schon mal aufspringen und gemeinsam mit der Schauspielerin die richtigen Bewegungen finden, um aus den Fängen des feindlichen Indianerstamms zu entkommen. Die passenden Klänge liefert ein amerikanisches Streichquartett, das die Geschichte gefühlvoll interpretiert. Mal spricht die Musik ganz für sich, mal untermalt sie das Erzählte. So entsteht eine Geschichtenwelt aus Wort, Schauspiel und Musik, die die Kinder ganz in ihren Bann zieht.

Eltern sind natürlich auch willkommen. Je nach Bedürfnis des Kindes können sie im hinteren Bereich auf Stühlen Platz nehmen oder sich auf den Boden zu ihrem Kind gesellen. Dreimal im Jahr gibt es neue Produktionen, die je zehnmal aufgeführt werden.

TIPP: Die Philharmonie bietet an ausgewählten Sonntagen auch Familienkonzerte für Eltern und Kinder ab sechs Jahre an, die im großen Konzerthaus stattfinden.

Adresse Theaterkarree 1 – 3, 44137 Dortmund // **ÖPNV** U 41, U 45, U 47, U 49, Haltestelle Theater Dortmund // **Öffnungszeiten** Termine und Tickets unter www.theaterdo.de // ab 3 Jahre

41_ DIE SOUNDZZ FAMILIENKONZERTE

Jazz und Weltmusik im »domicil«

Nein, das hier sollen explizit keine Kinderkonzerte sein! Was das domicil Dortmund seit 2013 unter dem Titel Soundzz anbietet, ist Musik für alle Ohren – aber speziell für die Kleinen aufbereitet. Als Spielstätte für Jazz und Weltmusik hat das domicil sich weit über Dortmund hinaus einen Namen gemacht. Und mit den Familienkonzerten sollen auch junge Menschen in den Genuss von professionell und leidenschaftlich gespielter Musik kommen.

Gegeben wird, was auch sonst zum Programm gehört: Das kann mal eine ganz klassische Jazz-Combo sein, mit Schlagzeug, Gitarre und Saxofon, aber auch Alphörner, ein Vibrafon, ein Akkordeon oder eine Harfe sind gern auf der Bühne zu Gast. Wobei es bei den Familienkonzerten eigentlich gar keine richtige Bühne gibt. Damit die Musikerinnen und Musiker näher an den kleinen Gästen sind, spielen sie auf dem Boden vor der Bühne, direkt vor dem roten Teppich, auf dem die Kinder sitzen, liegen oder auch mal rumkugeln. Tanzen, herumlaufen, sich zur Musik bewegen: alles erlaubt! Das gilt natürlich auch für die Erwachsenen, die im hinteren Bereich auf Stühlen Platz nehmen dürfen.

Nach den Konzerten, die circa eine Stunde dauern, ist noch Zeit, die Musiker näher kennenzulernen und manchmal sogar die Instrumente auszuprobieren. Dafür hat das domicil-Team extra Autogrammkarten vorbereitet – denn nicht jedes Kind traut sich, ohne Anlass einen Musiker anzusprechen.

TIPP: Wenn man schon mal in der Dortmunder Innenstadt ist, lohnt ein Spaziergang zur Friedenssäule am Friedensplatz. Darauf prangt das Wort »Frieden« in vielen verschiedenen Sprachen und bietet einen prima Anknüpfungspunkt, um mit Kindern über Völkerverständigung zu sprechen.

Adresse Hansastraße 7 – 11, 44137 Dortmund // ÖPNV U 41, U 43, U 44, U 45, U 47, U 49, Haltestelle Kampstraße oder zu Fuß vom Hauptbahnhof // Öffnungszeiten circa 9 bis 10 Konzerte pro Jahr, Spielplan unter www.domicil-dortmund.de, Anmeldung zu Mitmachaktionen wie »Impro:Kids« über info@soundzz.de // ab 6 Jahre

42_DAS WESTFÄLISCHE SCHULMUSEUM

Schule anno 1900

60 Kinder eng an eng in Schulbänken, auf dem Pult liegen Schiefertafel, Schwammdose und Tafelläppchen – und vorne, da steht ein Lehrer im Frack, natürlich erhöht auf einem Podest, und schaut streng auf seine Klasse hinunter. Im Westfälischen Schulmuseum bleibt diese Szenerie nicht nur Phantasie. An ausgewählten Sonntagen findet hier der Historische Unterricht statt, bei dem die Museumsgäste hautnah erleben, was Schule anno 1900 tatsächlich bedeutete.

60 Kinder werden es bei den Schulinszenierungen wohl in der Regel nicht sein, stattdessen sitzen nun auch Eltern mit in der Bank. Vorne die Kleinen in den niedrigen Bänken, hinten die Großen in den Schulbänken für ältere Kinder. Die Einrichtung des Klassenraums ist authentisch und stammt aus genau den längst vergangenen Zeiten, die hier im Historischen Schulunterricht wieder zum Leben erweckt werden. Eineinhalb Stunden dauert das Programm, während dem die ganz Begabten sogar die altdeutsche Schreibschrift erlernen können.

Auch außerhalb der Familiensonntage lohnt der Besuch im Museum. Die Dauerausstellung beschäftigt sich mit Schulhistorie vom Mittelalter bis ins Jahr 1945. Im Zuge des barrierefreien Ausbaus, der bis 2025 geschehen soll, wird die Ausstellung bis in die heutige Zeit erweitert. Auf Infotafeln gibt es einiges zu lesen, und wechselnde Sonderausstellungen bieten verschiedene Schwerpunkte rund um die Themen Bildung und Schule. Man darf also gern etwas Zeit mitbringen.

TIPP: Im Martener Steinhammerpark gibt es einen »Discgolf Parcours«. Hier kann man quasi Basketball mit Frisbees spielen.

Adresse An der Wasserburg 1, 44379 Dortmund // **ÖPNV** U 44, Haltestelle Walbertstraße/Schulmuseum; S 4, Haltestelle Dortmund-Marten Süd // **Öffnungszeiten** Di–So 10–17 Uhr, Historischer Schulunterricht am 1. So im Monat // ab 6 Jahre

43_DIE ABENTEUERFARM ROBINSON

Nimmerland und Ponyranch

Ein bisschen Nimmerland, ein bisschen Ponyranch und ganz viel Abenteuer! Schon wenn man die Abenteuerfarm Robinson im linksrheinischen Duisburg betritt, merkt man: Hier bestimmen die Kinder, was läuft. Ganz so ist es dann auch wieder nicht. Das Team der Abenteuerfarm ist beim Jugendamt Duisburg angestellt und sorgt für Betreuung, Organisation und verschiedene Veranstaltungen.

Je nach Wetter tummeln sich bis zu 100 Kinder auf dem weitläufigen Gelände. Kleine Hütten und der geheizte Aufenthaltsraum bieten auch in der kalten Jahreszeit genug Unterschlupf. Das Highlight sind aber die vielen Outdoor-Angebote. Von Klettergerüsten über Balancierstationen bis zur Seilbahn gibt es jede Menge Möglichkeiten, die kindlichen Fähigkeiten auf die Probe zu stellen. Und dann sind da natürlich noch die Tiere – immerhin haben wir es hier mit einer Farm zu tun! Mit Jack, Patti, Malta und Harry stehen vier Ponys im großen Offenstall, die zu festen Zeiten sogar geritten werden dürfen. Die Kaninchen freuen sich über Streicheleinheiten, und gleich neben dem Ziegenstall lädt das Hängemattenland zum Entspannen mit Stallluft in der Nase ein.

Normalerweise bleiben Kinder ab Grundschulalter hier allein in der Obhut des Abenteuerfarm-Teams. Zweimal pro Woche sind aber auch Eltern mit kleineren Kindern eingeladen, das gesamte Gelände zu erkunden und auf Abenteuersuche zu gehen.

Adresse Saarstraße 9, 47229 Duisburg // ÖPNV Bus 924, Haltestelle Sedanstraße // Öffnungszeiten täglich 12–18 Uhr, Eltern-Kind-Nachmittage je nach Angebot, Termine unter www.abenteuerfarm.de // ab 6 Jahre

TIPP: Nur einen kleinen Fußmarsch entfernt liegt der Töppersee mit Wasserski-Anlage. Zum Schwimmen eignet sich eher das Freibad Kruppsee, das sich ein paar Kilometer weiter in der anderen Richtung befindet.

44_DAS AQUARIUM IM BOTANISCHEN GARTEN

Fische gucken ohne Eintritt

Dieses Aquarium kennen vermutlich nur die Eingeweihten, denn der Ort, an dem es sich befindet, ist zunächst nicht wahnsinnig spektakulär – und schon gar kein spezieller Ausflugsort für Kinder. Der Botanische Garten in Duisburg-Hamborn eignet sich zum Schlendern, Spazieren und Blumengucken, ist also auf den ersten Blick eher was für die betagteren Altersklassen. Aber dann öffnet man die Tür zur Orangerie und steht plötzlich mitten in Afrika. Oder Asien. Oder Südamerika.

Denn das von außen völlig unauffällige Gewächshaus beherbergt die Schauaquarien der Gesellschaft für Aquarienkunde. In 13 Schaubecken tummeln sich hier kleine bis größere Fische, die nach natürlichem Vorkommen getrennt im Wasser schwimmen. Da gibt es den Feuerstachelaal aus Indonesien, den man erst am Boden des grün bewachsenen Aquariums suchen muss. Oder die schimmernde Regenbogenelritze aus Nordamerika, die sogar im heimischen Gartenteich überleben würde.

Wer Interesse hat, sich die gezeigten Fische mit nach Hause zu nehmen, kann sie hier auch erwerben. Etwa einmal im Monat richtet die Gesellschaft für Aquarienkunde eine Fischbörse aus, um die gezüchteten Fische an Hobby-Aquaristen zu verkaufen. Die Zuchtbecken liegen im nicht zugänglichen Teil der Orangerie. Die Schaubecken sind jedoch ganzjährig zu den Öffnungszeiten des Botanischen Gartens geöffnet – und zwar kostenlos.

TIPP: Wer jetzt Lust bekommen hat, selbst zu schwimmen wie ein Fisch, findet in Gehweite zum Botanischen Garten das Rhein-Ruhr-Bad Hamborn mit Rutsche, Strömungskanal und Kletterwand.

Adresse Fürst-Pückler-Straße 18, 47166 Duisburg // **ÖPNV** Bus 907, Haltestelle Kolpingstraße; Bus 908, 909, Haltestelle St. Johannes Hospital // **Öffnungszeiten** Mai–Sept. 8–18.30 Uhr, Okt.–April 8–15.30 Uhr // ab 0 Jahre

45_DER BIENENFUTTER-AUTOMAT

Blühmischung statt Kaugummi

Mama und Papa oder Oma und Opa kennen sie vielleicht noch, die guten alten Kaugummiautomaten aus den 1960er bis 1980er Jahren. Heute kauft man sein Kaugummi einfach an der Bude oder im Supermarkt, die eh bis spätabends geöffnet haben. Was also tun mit den alten Automaten? Sebastian Everding von der Bienenretter Manufaktur hatte eine Idee: Er begann im Jahr 2019, ausgediente Kaugummiautomaten zu etwas Neuem, Nützlichem umzubauen. So entstanden Bienenfutterautomaten, an denen sich alle, die Lust auf Naturschutz im Kleinen haben, kleine Kapseln mit Saatenmischungen ziehen können.

Der Automat funktioniert dabei genauso wie damals mit den Kaugummis: Nach Einwurf des Münzgelds und Betätigung des Hebels gibt er die Ware frei. Statt Kaugummi kullert aber nun eine Plastikkapsel mit einer Blühmischung heraus. Die Kapseln sind nötig, damit der Automat störungsfrei funktioniert. Mit Rücksicht auf Nachhaltigkeit sollen die Kapseln nach Entleerung am Automaten zurückgegeben werden, damit sie neu befüllt werden können. Und was tut man am besten mit dem Inhalt? Da sind der eigenen Phantasie keine Grenzen gesetzt! Ob im heimischen Garten oder am Rand des Lieblingsspielplatzes, auf einer grünen Verkehrsinsel oder im Schottergarten des Nachbarn (pssst!) – die bunt blühenden Mischungen aus Kultur- und Wildkräutern verschönern das Stadtbild und bieten ein reichhaltiges Büfett für Bienen, Schmetterlinge und Co.

TIPP: In einem Kilometer Entfernung liegt das historische Duisburger Rathaus. Hier gibt es noch einen echten Paternoster, mit dem man herrlich hoch- und runterfahren kann. Kinder aber nur in Begleitung Erwachsener!

Adresse Philosophenweg/Ecke Kardinal-Galen-Straße, 47051 Duisburg, alle Standorte auf www.bienenretter.com // **ÖPNV** Bus 934, Haltestelle Stapeltor // **Öffnungszeiten** immer zugänglich // ab 6 Jahre

46_DAS BIENENMUSEUM

Alles über fleißige Tierchen

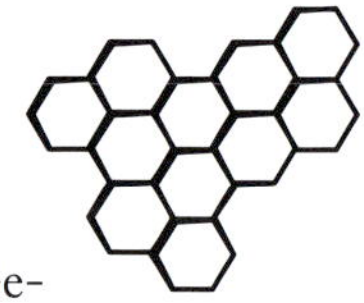

Ohne Bienen hätten wir ein echtes Problem. Denn die Biene ist das drittwichtigste Nutztier der Erde, weil sie gemeinsam mit anderen Insekten die Obst- und Gemüsepflanzen bestäubt, die wir so gern essen. Wenn das kein Grund ist, diesem besonderen winzigen Tierchen ein eigenes Museum zu widmen! Genau das hat sich auch der Kreisimkerverband Duisburg gedacht und ein kleines, aber feines Museum eingerichtet, das sich rund um die Biene dreht.

Unscheinbar auf dem Gelände des Albert-Einstein-Gymnasiums gelegen, zieht es schon beim Betreten des Schulhofs alle Sinne auf sich: Es summt und brummt im Garten des Bienenmuseums. Mehrere Bienenkisten stehen hier – »Beuten«, wie der Imker sie nennt. In der warmen Jahreszeit sind die fleißigen Insekten munter unterwegs auf der Suche nach Blütenpollen.

Im Museum selbst kommt man den haarigen Tierchen noch näher. Die ehrenamtlichen Betreiber sind stolz auf ihren Bienenschaukasten, der selbst im Winter ein kleines Volk beherbergt. Im Sommer kann so ein Bienenvolk auf bis zu 50.000 Tiere anwachsen. Der Schaukasten gibt den Blick frei auf das rege Arbeiten der Bienen – und wer genau hinschaut, findet auch die Königin.

Im Nebenraum wartet die eigentliche Ausstellung, zu der die Ehrenamtlichen des Museums eine Menge zu erzählen haben. Originale Bienenkästen, Honigschleudern und viele weitere Objekte aus mehreren Jahrhunderten machen die Geschichte der Imkerei lebendig, die auf eine stolze, 7.000 Jahre alte Vergangenheit zurückblickt.

TIPP: Vom Bienenmuseum ist es nur eine kleine Autofahrt bis zum Rheinufer. Besonders beliebt zum Spazierengehen ist die idyllische Rheinaue Friemersheim, die in Richtung Westen bis nach Krefeld reicht.

Adresse Schulallee 11, 47239 Duisburg, www.bienenmuseumduisburg.de // **ÖPNV** Bus 924, Haltestelle Rumeln Rathaus // **Öffnungszeiten** Mi und Sa 15–18.30 Uhr // ab 4 Jahre

47_ DAS EXPLORADO KINDERMUSEUM

Spielen, forschen, ausprobieren

Drei Etagen, 3.000 Quadratmeter – und alles zum Anfassen: Das Explorado im Duisburger Innenhafen ist kein Museum im eigentlichen Sinne. Hier wurde alles extra für Kinder und Familien gestaltet. Verschiedene Themenwelten lassen Kinder spielerisch vielseitige Welten entdecken. Mal geht es um Gleichgewicht, Geschicklichkeit und Schnelligkeit, mal um Naturphänomene wie Feuer, Wasser oder Luft und mal um das Erfahren der eigenen Sinne.

Eines jedoch ist immer gleich: Es darf angefasst, mitgemacht und ausprobiert werden! Zum Beispiel in der Verkehrslandschaft, in der die Museumsscouts nach erfolgreicher Fahrt gern einen Führerschein ausstellen. In der Baulandschaft wird konstruiert, und ein ganzer Flur lädt zu besonderen Formen der Kommunikation ein – etwa mit dem Morsealphabet oder der Parabolschüssel. Wer mag, kann an der Museumskasse eine Kugel für die Kugelbahn erwerben, die an der hinteren Museumswand von der zweiten Etage bis in den Keller reicht. Oben eingeworfen, braucht die Kugel gute anderthalb Stunden, bis sie wieder unten ist. Wer noch mehr Lust auf ungewöhnliche Spektakel hat, besucht eine der Shows, die an Wochenenden und Feiertagen im Veranstaltungsraum des Museums gezeigt werden. Dann wird vorgeführt, experimentiert, und auch Fragen dürfen gestellt werden.

Für jüngere Kinder gibt es einen Kleinkinderbereich mit Babyrutsche und Kuschelecke. Im Erdgeschoss finden regelmäßig Sonderausstellungen statt.

TIPP: Im Garten der Erinnerung, gegenüber der Synagoge, liegt ein schöner großer Spielplatz. Im Sommer kann man hier auch mit Wasser planschen.

Adresse Philosophenweg 23, 47051 Duisburg // ÖPNV Bus 934, Haltestelle Hansegracht // Öffnungszeiten Mo–Do 9–18 Uhr, Fr–So 10–19 Uhr // ab 4 Jahre

48_DER GROSSENBAUMER SEE

Kleiner See mit großem Charme

Auch im Ruhrgebiet werden die Sommer immer heißer. Wenn die Sonne mal wieder so richtig brennt, wollen rund fünf Millionen Ruhrpöttler das Gleiche: sich abkühlen! Und dann geht die Suche los: Welches Schwimmbad, welcher See ist gut zu erreichen und ein schöner Ort für die ganze Familie?

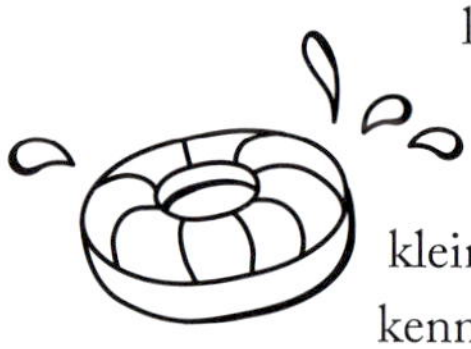

Der Großenbaumer See in Duisburg ist ein kleiner Geheimtipp. Denn über die Stadtgrenzen hinaus kennt man vor allem die Sechs-Seen-Platte mit ihrer Regattabahn und dem großen Strandbad am Wolfsee. Etwas südwestlich davon liegt der deutlich kleinere Großenbaumer See. Und genau dieser übersichtliche Charakter ist es, der den See so familientauglich macht. Der Natursee ist zu einem Strandbad ausgebaut worden und bietet damit den Komfort eines Freibades inklusive Toiletten und kleinem Imbiss in Verbindung mit Badesee-Charme.

Über die Terrasse betritt man die Liegewiese, die zum See hin in einen Strandbereich ausläuft. Das gesamte Areal ist gut zu überschauen, sodass man ältere Kinder hier sogar allein am Wasser spielen lassen kann – mit einem Auge hat man sie immer im Blick. Kleinere Kinder kann man bequem in den Nichtschwimmerbereich des Sees begleiten, der mit Bojen vom tieferen Wasser abgetrennt ist. Wer schon schwimmen kann, taucht unter der Absperrung zu einer der Badeinseln durch, wo man wunderbar Arschbomben üben kann.

Ein weiterer Pluspunkt für den Großenbaumer See: Zur Anreise braucht man kein Auto. Der Bus hält direkt vor dem Eingang, und auch die nächste S-Bahn-Station ist nicht weit.

TIPP: Wer noch mehr Seen kennenlernen will, ist an der Sechs-Seen-Platte richtig. Hier kann sogar gesegelt und geangelt werden.

Adresse Buscher Straße 65, 47269 Duisburg, www.freibad-grossenbaum.de // **ÖPNV** S 1, Haltestelle Großenbaum; Bus 940, Haltestelle Buscher Straße // **Öffnungszeiten** in der Saison Mo–So 10–19 Uhr // ab 0 Jahre

49_DER INGENHAMMSHOF

Bauernhofleben in der City

Ein Bauernhof, der nicht nur mitten in der Stadt, sondern auch noch inmitten eines der größten ehemaligen Hüttenwerke Europas liegt? Das kann es nur im Ruhrgebiet geben! Der Ingenhammshof im Duisburger Stadtteil Meiderich gehörte bis ins Jahr 1980 zur August Thyssen-Hütte AG, die auf dem gesamten Gelände des heutigen Landschaftsparks Nord Eisen und Stahl verhüttete. Damals versorgte der landwirtschaftliche Betrieb die Belegschaft des Hüttenwerks mit frischen Lebensmitteln. Heute gehört der Hof der Stadt Duisburg und wird von der AWO als Kinder- und Jugend-Erlebnisfarm betrieben.

Kleine und größere Kids dürfen hier richtig mit anpacken und erleben, was Bauernhofleben auch heute noch bedeutet. Neben Pferdepflege und Reiten gehört da natürlich auch die Stallarbeit dazu: Hühner füttern, Gänse auf die Weide treiben, den Ziegenstall ausmisten und alles, was sonst noch getan werden muss. Wer seine Nachmittage hier verbringt, geht sicher nicht mit sauberer Jeans wieder nach Hause – dafür aber mit viel frischer Luft in der Lunge und einem glücklichen Lächeln auf dem Gesicht.

Der gesamte Hof steht jeden Nachmittag Gästen offen. Ab 15 Uhr beginnen die Reitkurse für Kinder ab sechs Jahre, sonntags gibt es Schnupperreiten für die Kleinsten ab drei Jahre (aufgrund hoher Nachfrage unbedingt vorher anmelden!). Wen es nicht aufs Pferd zieht, der erfreut sich an den vielen anderen Tieren, die auf dem Hof hautnah erlebt werden können.

TIPP: Auf dem Gelände des Landschaftsparks Nord gibt es auch eine Jugendherberge des Deutschen Jugendherbergswerks. Wie wäre es mal mit einem Kurzurlaub in der Stadt inklusive täglichen Besuchen auf dem Bauernhof?

Adresse Am Ingenhammshof 1, 47137 Duisburg // **ÖPNV** Straßenbahn 903, Bus 909, Haltestelle Landschaftspark Nord // **Öffnungszeiten** jeden Nachmittag ab 15 Uhr, Hofcafé: Fr–So 15–17 Uhr // ab 3 Jahre

50_DAS KOM'MA-THEATER

Kinder- und Jugendtheater seit 1976

»Ohne Kunst und Kultur wird's still« – ein Spruch, den man während der Coronapandemie häufig zu lesen bekam. Und es ist so viel Wahres dran! Kunst und Kultur sind auch im Ruhrgebiet sehr viel mehr als öffentliche Museen und städtisch geförderte Projekte. Der Ballungsraum Ruhr ist für seine große und vielfältige freie Kulturszene bekannt. Dazu zählt auch das KOM'MA-Theater, das zu den ältesten freien Kinder- und Jugendtheatern Deutschlands gehört. 1976 als »Reibekuchentheater« gegründet, hat es seit 1994 seinen festen Sitz in Duisburg-Rheinhausen.

Das Ensemble aus sechs festen Schauspielerinnen und Schauspielern plus Gastakteuren spielt jährlich etwa 140 Hausaufführungen und zusätzlich bis zu 150 Gastspiele in ganz Deutschland. Die Stücke richten sich vor allem an das junge Publikum. Das kann ein leicht verständliches Theaterstück ganz ohne Sprache sein – für Kinder ab drei Jahre. Das können aber auch durchaus Stücke mit gesellschaftlicher und politischer Relevanz sein. Etwa eine Produktion für Kids ab zehn Jahre, die sich mit der Rolle von Mädchen und Frauen auseinandersetzt, oder ein Theaterstück über Cybermobbing, für das das Ensemble in die Klassenzimmer der Schulen kommt.

TIPP: Quasi vor den Türen des KOM'MA-Theaters liegt der Volkspark Rheinhausen mit einem schönen Spielplatz und einem Tiergehege, in dem man Emus, Rehe, Ziegen und Vögel anschauen kann.

Für die Produktion »L_VEPAR_DE – eine Verblendung« wurde das KOM'MA-Theater 2021 zum Westwind-Festival eingeladen, wodurch das Stück zu einer der zehn bemerkenswertesten Theaterproduktionen des Jahres 2021 gekürt wurde. Thema des Theaterstücks: die Aufarbeitung des Love-Parade-Unglücks, das sich 2010 in Duisburg ereignete.

Adresse Schwarzenberger Straße 147, 47226 Duisburg // **ÖPNV** Bus 914, 922, 923, 927, Haltestelle Willy-Brandt-Kolleg // **Öffnungszeiten** Spielplan unter www.kommatheater.de // ab 3 Jahre

51_DER LANDSCHAFTSPARK NORD

Wunderbare Industrienatur

Die Übersichtskarte des Landschaftsparks Nord zeichnet eine Menge Spielplätze aus. Beim Erreichen so mancher Station stellt man sich jedoch die Frage: Und wo ist jetzt der Spielplatz? Ob Versehen oder nicht – lässt man sich auf die Umgebung ein, erscheint einem die Auszeichnung als Spielfläche völlig einleuchtend. Denn im Grunde ist das gesamte Gelände des ehemaligen Hüttenwerks ein großes, wildes Spielgelände, das mit viel Zeit erkundet werden will!

»Richtige« Spielplätze gibt es natürlich auch. Genauso wie einen Klettergarten, einen Hochseilparcours und etwas ganz Besonderes: einen Tauchgasometer, der zum Tauchenlernen und Üben bis auf seine 13 Meter Höhe mit Wasser gefüllt ist. Spaß macht aber auch das Schlendern und Streunen über das Parkgelände. Hinter jeder alten Industrieruine gibt es etwas zu entdecken. Die 70 Meter hohe Aussichtsplattform von Hochofen 5 ist immer für den Aufstieg geöffnet und bietet eine schöne Aussicht auf den Duisburger Stadtteil Meiderich.

Geradezu ikonisch fürs Ruhrgebiet ist mittlerweile das Bild des nächtlich beleuchteten Hüttenwerks, das 1985 stillgelegt und dann zum heutigen Landschaftspark umgewandelt wurde. Der britische Lichtkünstler Jonathan Park entwickelte die Lichtinstallation extra für den Landschaftspark Nord. Jeden Freitag, Samstag, Sonntag, an Feiertagen und an den Vorabenden von Feiertagen setzt sie die alten Industriegebäude mit bunten Farben stimmungsvoll in Szene.

Adresse Emscherstraße 71, 47137 Duisburg, www.landschaftspark.de // **ÖPNV** Bus 903, Haltestelle Landschaftspark Nord // **Öffnungszeiten** immer zugänglich // ab 0 Jahre

TIPP: Der Landschaftspark Nord ist auch als Veranstaltungslocation bekannt. Eines der jährlichen Highlights ist das Traumzeit-Festival, das sich wegen seiner entspannten Stimmung und entzerrten Spielorte super für die erste Festivalerfahrung als Familie eignet.

52_DER REVIERPARK MATTLERBUSCH

Ponyreiten und tief durchatmen

Das Glück der Erde liegt auf dem Rücken der Pferde! Dieser Meinung sind zumindest viele Kinder. Bevor es aber regelmäßigen (und teuren) Reitunterricht gibt, sollte das Hobby erst mal ausprobiert werden. Besonders familien- und pferdefreundlich geht das im Revierpark Mattlerbusch im nördlichen Duisburger Stadtteil Hamborn.

Auf dem dortigen inklusiven Reiterhof findet unter der Woche therapeutisches Reiten statt. An den Wochenenden dürfen sich aber auch kleine Gäste auf die Ponys schwingen, um sich eine Runde durch den Park führen zu lassen. Mit dem Entgelt wird das Natur- und tierpädagogische Zentrum Mattlerhof unterstützt.

Für weniger pferdebegeisterte Kinder stehen mehrere Spielplätze zur Verfügung, die Spielgeräte für Kinder aller Altersklassen bieten. Am »Salinenbüdchen« kann man bei Kaffee, Limo und Kuchen eine Pause einlegen. Den Namen hat der Kiosk von der danebenliegenden Saline. Das Gradierwerk wurde 2020 neu aufgebaut, nachdem es 2019 einem Brandanschlag zum Opfer gefallen war. Jetzt kann hier wieder tief durchgeatmet werden, denn die 40 Meter lange Saline sorgt für kühle, salzhaltige Luft, die nicht nur bei Erkältung oder Asthma guttut.

Wer noch einen Spaziergang durch den weitläufigen Park macht, entdeckt möglicherweise eine alte Ruine, die besonders im Sommer ganz verwunschen zwischen Laub und Gehölz auftaucht. Liegewiesen, ein kleines Wäldchen und ein Trimm-dich-Pfad laden zum Ausruhen, Spazieren oder Bewegen ein.

Adresse Wehofer Straße 42, 47169 Duisburg, www.niederrhein-therme.de // **ÖPNV** Bus 905, 907, Haltestelle Mühlbachstraße // **Öffnungszeiten** Park durchgängig, Ponyreiten Sa, So 14–16 Uhr // ab 3 Jahre

TIPP: Die Niederrhein Therme auf dem Gelände des Revierparks öffnet donnerstagnachmittags und samstagvormittags ihre »Kindersalzgrotte«. Frische Meeresluft wird dann mit Spielen, Geschichten oder kleinen Liedern kombiniert.

53_DER RHEINPARK

Klettern am Fluss

Duisburg an den Rhein zu bringen – dieser Wunsch war im Stadtteil Hochfeld lange Zeit unrealistisch, das Stadtgebiet geprägt von Industrie und alten Bunkern, die etwa zur Lagerung von Erzen genutzt wurden. Der imposante Fluss blieb damit unerreichbar für die normale Bevölkerung. Mit der Umgestaltung früherer Industrieflächen zum heutigen Rheinpark hat sich das geändert. Entstanden ist ein rund 60 Hektar großes Areal, das nicht nur schöne Blicke auf den Rhein ermöglicht, sondern die Spaziergänger auch ganz nah ans Wasser heranführt. Sogar ein künstlicher Sandstrand wurde angelegt.

Kids und Teens begeistern sich aber vor allem für den großen Skatepark und die lange Kletterwand, die frei zugänglich ist. Bei einer maximalen Kletterhöhe von etwa 2,50 Metern gehen zumindest ältere Kinder hier kein Risiko ein. Und für den Skatepark gilt natürlich: Helm auf und Schutzausrüstung an! Mit Skateboards, Stuntrollern oder BMX-Rädern üben die Kids Tricks und geben richtig Gas. Wer sich (noch) nicht selbst traut, hat auf jeden Fall Spaß beim Zugucken.

Die besondere Atmosphäre des Parks ist dem Erhalt alter industrieller Mauerreste zu verdanken. Teils sind die ehemaligen Bunkermauern bis zu acht Meter hoch und künstlerisch mit Street-Art verschönert. Die Kombination mit der noch jungen Baumbepflanzung, den Bänken und Wegen sowie der Uferpromenade direkt am Rhein macht den Rheinpark zu einem beliebten Ausflugsziel für alle Altersklassen.

TIPP: Mit Baklava Dünyası gibt es in Duisburg-Hochfeld eine türkische Bäckerei, die ihre Baklavas als die besten in ganz Deutschland anpreist. Ob das stimmt, mag jeder selbst beurteilen. In jedem Fall gibt es eine große Auswahl an zuckersüßen Leckereien.

Adresse Liebigstraße 70, 47053 Duisburg // ÖPNV RB33, Haltestelle Hochfeld-Süd // Öffnungszeiten immer zugänglich // ab 5 Jahre

54_DIE BABYKONZERTE

Sanfte Klänge für süße Babys

Im ersten Jahr mit Baby fühlt man sich als Neu-Mama und Neu-Papa schon mal ein bisschen isoliert. Wenn Freunde ins Kino, auf Konzerte, in die Kneipe gehen, stellt sich schnell die Frage: Und was machen wir? Na, vielleicht auch mal wieder ins Konzert gehen! Aber kein lauter Rock, sondern lieber was Klassisches, Sanftes, was auch dem Baby gefällt.

Die Philharmonie Essen hat mit ihren Babykonzerten eine echte Marktlücke erkannt. Denn auch frischgebackene Eltern sehnen sich nach Musik und Kultur, wollen mal wegkommen von Wickeltisch und Windeleimer. Ein Ausflug ins klassische Konzert ist ganz unkompliziert möglich: Die Babykonzerte dauern nur 45 Minuten, eine klassische Bestuhlung gibt es nicht. Stattdessen sind im Pavillon der Philharmonie, der sich nach hinten zum grünen Stadtgarten öffnet, Schaumstoffmatten ausgebreitet, damit die Babys gemütlich liegen, robben oder krabbeln können. Auch für die Eltern herrscht Bewegungsfreiheit. Hier schaut keiner schräg, wenn man herumläuft, um das Baby zu tragen.

Geschuckelt werden die Kinder zu den Klängen der Essener Philharmoniker. Oft werden Duos gegeben, zum Beispiel aus Viola und Harfe oder Violine und Violoncello – sanfte Streichinstrumente, die Eltern und Babys gefallen.

Sind die Babys erst einmal von klassischer Musik begeistert, kann der Besuch in der Essener Philharmonie zu einer regelmäßigen Tradition werden: Das Konzerthaus hat spezielle Kinderkonzerte für alle Altersklassen im Angebot, vom Kleinkind bis zum Teenager.

TIPP: Von der Philharmonie läuft man in zehn Minuten ins Südviertel. Am Isenbergplatz gibt es einen netten Spielplatz. Den Aufenthalt dort kann man sich mit einem leckeren Eis von »I AM LOVE« an der Moltkestraße versüßen.

Adresse Huyssenallee 53, 45128 Essen // **ÖPNV** U 11, Straßenbahn 107, 108, Haltestelle Philharmonie // **Öffnungszeiten** pro Spielzeit 3 Konzerte, Spielplan unter www.theater-essen.de/philharmonie // ab 0 Jahre

55_DIE BONNEKAMPHÖHE

Gärtnern in der Großstadt

Ein Melonenfeld mitten in der Großstadt, Gemüse, so weit das Auge reicht, und zwischendrin immer wieder Sonnenblumen und andere bunte Blüten. Riecht mal an den Blättern der Tagetes: Die riechen nach Fanta! Und dann probiert von den reifen Tomaten, wie süß die schmecken!

Im Essener Norden ist auf drei Hektar Fläche ein kleines Paradies entstanden. Schon seit den 1990er Jahren baut Hubertus Ahlert das ehemalige Ziegeleigelände zu einem grünen Ort um, der Mensch und Tier zugleich dienen soll. Aus der Idee, eine kleinräumige urbane Landwirtschaft zu erschaffen, ist mittlerweile eine Stiftung entstanden. Diese will das renaturierte Kleinod schützen und zugleich einen Bildungsauftrag erfüllen.

In der Regel öffnet der Garten auf der Bonnekamphöhe regelmäßig am Wochenende seine Pforten. Dann werden die Gäste mit kühler Limonade und Speisen aus dem Foodtruck versorgt – natürlich mit Gemüse frisch vom eigenen Feld. Die Schale bunter Tomaten landet gegen eine Spende im Ausflugskorb, und mit Sicherheit findet sich jemand aus dem Team, der eine kleine Führung macht oder ein paar Fragen zum Gelände beantwortet. Auf einem abenteuerlichen Rundweg wird man einmal um das weitläufige Areal herumgeleitet.

Unter der Woche wird auf der Bonnekamphöhe nach den Grundsätzen der Permakultur gearbeitet. Das bedeutet, dass die Gärten und Felder nach dem Vorbild der Natur angelegt und natürlich keinerlei Pestizide eingesetzt werden. Wer Spaß am Gärtnern und Gemüseanbau hat, kann sich dem Team aus Ehrenamtlern anschließen.

Adresse 45327 Essen // **ÖPNV** Bus 348, Haltestelle Bonnekampstraße; Bus 154, Haltestelle Kraspothstraße // **Öffnungszeiten** Sa häufig Tag der offenen Tür, aktuelle Termine unter www.bonnekamp-stiftung.net // ab 6 Jahre

TIPP: Nur einen knappen Kilometer entfernt liegt Schacht 3/7/10 der ehemaligen Zeche Zollverein. Das noch bestehende Fördergerüst kann erklommen werden.

56_DAS CAFÉ ANNA

Ein Ort zum Spielen und Schmausen

Mama und Papa wollen Waffeln und Kaffee – die Kids wollen Action. Wo kriegt man all diese Bedürfnisse unter einen Hut? Natürlich in einem Familiencafé! Der größte Vorteil vom Café Anna, das im beliebten Essener Stadtteil Rüttenscheid liegt: Hier ist eine Menge Platz zum Spielen und Toben. Inhaberin Yeter Yildiz hat den hinteren Teil des großen Raums zu einem richtigen Indoorspielplatz mit Holzgerüsten und Rutschen umgestaltet. Davor stehen bequeme Sessel für die Eltern zum Sitzen und Genießen.

Der Babyraum wurde speziell für Eltern mit ganz kleinen Gästen hergerichtet. Bodennahe Sitzmöglichkeiten und Krabbelmatten machen den Cafébesuch zugleich praktisch und gemütlich. Da der Babyraum meist von Gruppen gebucht wird, baut das Team im offenen Cafébereich oft zusätzlich kleine Krabbelinseln für Babys auf.

Das Ziel von Cafébetreiberin Yildiz: Bei ihr sollen sich alle Generationen wohlfühlen! Und Eltern sollen und dürfen sich auch mal wieder frei und ungezwungen bewegen. Daher kann man das Café Anna sogar für abendliche Partys mieten und hier gemeinsam mit Freunden und ihren Kindern so richtig ausgelassen und fast wie in alten Zeiten feiern. Ab 2021 soll es mehrmals im Monat reguläre abendliche Öffnungszeiten geben, um sich auch nach Feierabend mit Sack und Pack auf ein Getränk treffen zu können. Immer geöffnet ist zudem der kleine Shop-Bereich, in dem ausgewählte Baby- und Kinderkleidung bis Größe 104 sowie Spielzeug verkauft werden.

Adresse Annastraße 35, 45130 Essen // ÖPNV U 11, Straßenbahn 107, 108, Haltestelle Rüttenscheider Stern; Straßenbahn 101, 106, Bus 145, Haltestelle Cäcilienstraße // Öffnungszeiten täglich 9.30–18 Uhr // ab 0 Jahre

TIPP: Schräg gegenüber gibt es mit dem Atelier Kunterbunt einen hübschen kleinen Kinderladen, der von der Babymütze bis zum Kleinkindspielzeug viele hochwertige Sachen im Angebot hat.

57_DER FÄRBERGARTEN ZOLLVEREIN

Malen mit Pflanzenfarben

Das Angebot auf dem Areal der ehemaligen Zeche Zollverein ist so riesig wie das Gelände selbst. Neben den Führungen des Ruhr Museums, die sich um die Arbeit auf der Zeche drehen, gibt es auch jede Menge Workshops zu ganz anderen Themen. Denn wo früher Kohle gefördert und zu Koks verarbeitet wurde, ist heute ein weitläufiges Areal wilder Industrienatur entstanden. Zwischen den alten Gleisen, über die einst Kohle transportiert wurde, wachsen nun die verschiedensten Wildblumen, und Spazierwege laden zu Ausflügen ein.

Die Stiftung Zollverein hat zudem immer neue Ideen, um auf dem ehemaligen Industriegelände Natur erlebbar zu machen. Eine davon ist der Färbergarten, der rund um das ehemalige Stellwerk angelegt wurde. Aus den hier wachsenden Färberpflanzen lassen sich Farben herstellen – so wie das früher gemacht wurde, um zum Beispiel Textilien einzufärben. In Workshops kann selbst ausprobiert werden, wie aus Blüten, Blättern, Früchten, Wurzeln oder Rinden Farben entstehen, wie sie verarbeitet werden und wozu man sie dann ganz praktisch nutzen kann. Und auch wenn sich nur ein Teil der Familie für Pflanzen und fürs Färben begeistert: Es lohnt sich trotzdem, die ganze Familie auf den Ausflug mitzunehmen. Die Gesamtfläche des Zollverein-Geländes ist mit 100 Hektar so groß wie 100 Fußballfelder, und es gibt eine Menge zu entdecken. Der Färbergarten ist nur eine von zwölf Stationen auf dem »Naturpfad Zollverein«.

TIPP: Im Sommer kann man im Werksschwimmbad der Zeche Zollverein vor ganz besonderer Kulisse schwimmen. Im Winter gibt es auf dem ehemaligen Zechengelände eine riesige Eisbahn zum Schlittschuhlaufen.

Adresse Arendahls Wiese 176, 45141 Essen; Färbergarten zwischen Parkplatz C und A 2 // **ÖPNV** Bus 183, Haltestelle Kokerei Zollverein; Straßenbahn 107, Haltestelle Zeche Zollverein // **Öffnungszeiten** immer zugänglich (Station 7 auf dem Naturpfad Zollverein), Workshops nach Anmeldung unter www.ruhrmuseum.de // ab 8 Jahre

58_DIE GRAFFITI-KUNST AN DER A42

Street-Art at its best

Was ist Kunst, und wer bestimmt das eigentlich? Vor nicht wenigen Jahren noch als Schmiererei verpönt, ist Street-Art heute beliebt und anerkannt. Man denke nur an den britischen Künstler (oder die Künstlerin?) Banksy, der oder die mit gesprühten Kunstwerken im öffentlichen Raum gesellschaftliche Debatten aufgreift und anstößt.

Gerade Kinder und Jugendliche fühlen sich zu der unkomplizierten Kunstform hingezogen – vielleicht auch deshalb, weil ihr immer noch der Ruf des Verbotenen anhängt. Dazu passend werden von den Städten oft Zonen zum legalen Sprayen zur Verfügung gestellt, die ein bisschen Outlaw-Charakter haben. In Essen sind das zwölf große Brückenpfeiler unter der A42 mitten in einem Gewerbegebiet – ein Ort, den man normalerweise nicht freiwillig betreten würde. Zum Anschauen der Graffiti-Kunst, die hier während des Hafendampf-Festivals 2019 entstand, lohnt es sich dann aber doch.

Was man zu sehen kriegt, ist vielfältig: von typischen Graffiti-Tags und Schriftzügen über gruselig anmutende Endzeitstimmungsbilder bis hin zu kunstvoll gestalteten Tierporträts oder cartoonartigen Szenen. Die Brückenpfeiler bieten mit ihren Maßen von zehn mal 30 Metern jede Menge Platz für die meist bunte, manchmal aber auch dunkel gehaltene Kunst. Geschaffen wurde sie von 60 Sprayern aus dem gesamten Bundesgebiet und aus Übersee. Das Hafendampf-Festival – organisiert von der Sprayer-Initiative und dem Jugendamt Essen – findet normalerweise jährlich statt.

TIPP: Kids, die selbst sprayen wollen, können es legal über die Angebote des Kulturrucksacks NRW (www.kulturrucksack.nrw.de) lernen.

Adresse Hafenstraße unterhalb der A 42 (Höhe circa Hausnummer 300), 45356 Essen // **ÖPNV** Bus 196, Haltestelle Hafenverwaltung // **Öffnungszeiten** immer zugänglich, Hafendampf-Festival einmal jährlich, Infos unter www.facebook.com/Hafendampf // ab 0 Jahre

59_DAS KOMMABEI

Textilhandwerk zum Mitmachen

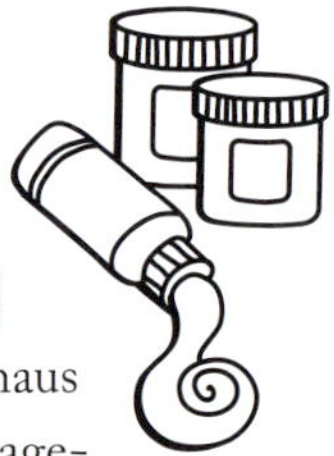

Herzblut und Werkstolz – so untertitelt Siebdrucker Norman Bärenbrinker seinen Laden, der auf der belebten Gemarkenstraße im zentralen Essener Stadtteil Holsterhausen liegt. Und diese Selbstauszeichnung darf man durchaus ernst nehmen: In »Kommabei« stecken eine Menge Engagement und der Mut, sich aus Liebe zur Sache selbstständig zu machen.

Begonnen hat alles mit einer Schnapsidee: Siebdruck – das macht bestimmt Spaß und kann ja nicht so schwer sein. Mehrere Jahre und ein langes Praktikum in einer etablierten Siebdruckwerkstatt später war klar: Das Ganze ist ein echtes Handwerk, das Wissen, Übung und Durchhaltevermögen verlangt. Dass sich das alles auszahlt, sieht man dem Laden an. Die Kombination aus Werkstatt und Concept Store lädt sowohl zum spontanen Stöbern als auch zu Workshops ein. Im vorderen Bereich können Kunden aus einer Auswahl bedruckter T-Shirts, Beutel und anderer Textilien auswählen. Auch Kunstdrucke, Schmuck und Babykleidung sind im Angebot. Was alle Produkte verbindet: die nachhaltige Herstellung.

Im hinteren Bereich des Ladens versteckt sich die kleine Werkstatt. An der Siebdruckmaschine kann an sechs Druckköpfen gleichzeitig gedruckt werden. Samstags werden Workshops veranstaltet, die nicht nur das Handwerk vermitteln, sondern auch die Kreativität anregen. Alle Teilnehmer sollen vorab ein Motiv ihrer Wahl aussuchen – oder sogar selbst zeichnen. Diese Einladung gilt natürlich auch für Kinder und Jugendliche!

TIPP: Mit dem »Fachgeschäft für Stadtwandel« gibt es auf der Gemarkenstraße einen Bürgertreffpunkt zur Entwicklung von nachhaltigen Ideen und Nachbarschaftsprojekten. Hier kann man unter anderem in der Werkstatt sein Fahrrad reparieren, im Food Sharer Lebensmittel tauschen oder im Secondhandladen shoppen.

Adresse Gemarkenstraße 102, 45147 Essen // **ÖPNV** Straßenbahn 101, 106, Haltestelle Rubensstraße // **Öffnungszeiten** Mo – Fr 11 – 19 Uhr, Sa 10 – 15 Uhr, Workshops Sa ab 12 Uhr, Termine unter www.kommabei.de // ab 8 Jahre

60_DIE KORTEKLIPPE

Steil, steiler, am steilsten

Kinder zu einer Wanderung überreden? In den meisten Fällen aussichtslos. Aber nicht, wenn man sie als waschechten Abenteuerspaziergang verkauft! Bei einem Ausflug zur Essener Korteklippe ist dieses Versprechen tatsächlich kein bisschen übertrieben. Als steilste Klippe der Stadt bietet sie nicht nur eine atemberaubende Aussicht, sondern auch Gelegenheit zum Kraxeln und Klettern.

Angenehmerweise beginnt der Ausflug an der höchsten Stelle: Von der Heisinger Straße biegt man in Richtung Korteklippe ab und befindet sich schnell am beliebten Aussichtspunkt. Von 144 Metern über dem Meeresspiegel blickt man auf den glitzernden Baldeneysee. Der Aussichtspunkt hat zwei Ebenen, und während die Erwachsenen das Panorama genießen, können die Kinder hier schon klettern.

Das richtige Abenteuer beginnt jedoch mit dem Abstieg in Richtung Baldeneysee. Lässt man den Aussichtspunkt links liegen, trifft man bald auf einen kleinen Weg, der sich teils waghalsig steil hinunter zum See schlängelt. Spätestens jetzt wird klar, warum es klug ist, vorher die Wanderschuhe anzuziehen. Mit Sandalen kommt hier keiner unten an! Kleinen Kindern, die noch nicht so gut zu Fuß sind, sollte man diesen Spaziergang daher besser nicht zumuten. Mit älteren Kindern ab etwa fünf Jahre wird der Abstieg aber zu einem tollen Erlebnis.

Unten am See angekommen, kann man noch an der Uferpromenade flanieren, und bei gutem Wetter ist bestimmt auch ein Eiswagen da.

TIPP: Nur 600 Meter vom Aussichtspunkt entfernt lädt die Burgruine Isenburg zu einer Reise in die Vergangenheit ein. Ihre mächtigen Mauern wurden im 12. Jahrhundert erbaut.

Adresse Parkplatz am Jagdhaus Schellenberg, Heisinger Straße 170a, 45134 Essen // ÖPNV Bus 145, Haltestelle Schöne Aussicht // ab 5 Jahren

61_ DER »LEERE RAUM«

Phantasie für alle

Wenn hier das Licht gelöscht wird, knipst die Phantasie sich an. Und zwar bei Groß und Klein! Denn Regisseurin Claudia Maurer und Figurenspielerin Mariela Rossi machen keine Stücke »nur für Kinder« oder »nur für Erwachsene«. Ihre Kunst soll alle begeistern – und das tut sie auch. Zum Beispiel mit dem Ozeanmärchen, einem Stück, das frei nach der Geschichte der kleinen Meerjungfrau von Hans Christian Andersen inszeniert wird. Es geht um Verlust, um Vorstellungen von Identität und um die Suche nach neuen Wegen. Dank der ruhigen und gefühlvollen Spielweise nehmen hier schon Kinder ab sechs Jahre die tieferen Nuancen der Geschichte wahr.

Angebote für alle Menschen zu machen, egal, welcher Herkunft und welchen Alters, gehört zum Konzept des »leeren raums«. So veranstaltet das Zweiergespann Maurer/Rossi jeden Mittwochnachmittag ein offenes Theatercafé. Getränke gibt es vor Ort, Speisen bringen die Gäste selbst mit – oft kommen dabei Leckereien aus den verschiedensten Ländern zusammen. Auch Kinder sind in Begleitung der Eltern herzlich willkommen. Gemeinsam oder nebeneinander entstehen dabei kleine Kunst- oder Theaterprojekte wie dreidimensionale Buchtheater, die eigene Geschichten erzählen.

Ältere Kinder ab zehn Jahre können die Theater- und Figurenspielkurse des »leeren raums« besuchen. Im Figurentheaterkurs mit Mariela Rossi werden zum Beispiel Sockenpuppen angefertigt, die direkt in eigene Inszenierungen einfließen. Regisseurin Claudia Maurer bietet auch einen Schauspielkurs für Kinder und Jugendliche an.

TIPP: Einmal ums Eck gibt es bei »Babyträume« Baby- und Kinderkleidung sowie Spielzeug aus natürlichen Materialien wie (Baum-)Wolle, Seide und Holz.

Adresse Raumerstraße 11, 45144 Essen // **ÖPNV** Bus 109, Haltestelle Kieler Straße // **Öffnungszeiten** Theatercafé jeden Mi 14–16.30 Uhr, Vorstellungen und Mitmachkurse nach Anmeldung unter www.blog.der-leere-raum.de // ab 6 Jahre

62_DAS LÖFFELÖHRCHEN

Essen und spielen in Waldkulisse

Cafébesitzerin Funda Malca und ihr Team haben ein Ziel: Familien einen Ort zu bieten, an dem sie sich wohlfühlen. Im beschaulichen Essener Stadtteil Werden haben sie dafür ein bestehendes Café zu einem Paradies für Groß und Klein umgebaut. Das Löffelöhrchen Familiencafé soll nicht nur ein Mama-Baby-Treffpunkt sein, sondern Leckeres und Lustiges für die ganze Familie bereithalten.

Für die kleinen Kinder gibt es das »Frühbeet«, einen umfunktionierten Sandkasten, der mit grünem Teppich und Spielzeug bestückt ist. Ältere Kinder können aufs Baumhaus klettern und sich dorthin auch mit Gesellschaftsspielen zurückziehen, die das Caféteam gern verleiht.

Gemütlich wird es nicht nur durch die Waldkulisse, die sich durch die gesamte Gestaltung des Cafés zieht, sondern auch, weil alle Gäste am Eingang ihre Schuhe gegen Leih-Pantoffeln tauschen. Das trägt zur Lärm-Minimierung bei, die in Familiencafés durchaus wichtig sein kann. Deshalb hat die Betreiberin das Café von einem Innenarchitekten in puncto Schallschutz umbauen lassen.

Ganz vermeiden lässt sich Kinderlärm aber natürlich nicht – und das will auch gar keiner! Kinder dürfen hier frei spielen und zwischendurch eine Waffel, einen Obstteller oder eine andere Spezialität des Cafés verschmausen. Den Tee und Kaffee bezieht das Café von Bio-Produzenten, und bei der servierten Schokocreme handelt es sich um eine palmölfreie Sorte. Schließlich ist hier die Jugend zu Gast – und die soll noch länger etwas von dieser Welt haben!

TIPP: Essen-Werden ist ein kleines Paradies für Kinder. Direkt am Café befindet sich die Brehminsel mit Spielplatz und Tretbootverleih. In der Werdener City gibt es jede Menge Läden, zum Beispiel das Spielzeuggeschäft »Engelchen & Bengelchen«.

Adresse Brückstraße 1, 45239 Essen // **ÖPNV** S 6, Haltestelle Essen Werden; Bus 169, 180, 182, 192, Haltestelle Werden Brücke // **Öffnungszeiten** Di–So 9.30–18 Uhr // ab 0 Jahre

63_DAS MINERALIEN-MUSEUM

Die faszinierende Welt der Kristalle

Ein riesiger Meteorit, prachtvolle Kristalle und Fossilien, die spannende Geschichten erzählen: Im Mineralienmuseum gibt es viel zum Gucken und Staunen! Gleichzeitig kann man in der Dauerausstellung richtig tief in die Mineralienkunde einsteigen. In sieben Ausstellungsräumen werden verschiedene Themen aus den wissenschaftlichen Bereichen der Geologie, Biologie und Mineralogie dargestellt und erläutert.

Wer wusste schon vor dem Museumsbesuch, dass Mineralien in ganz vielen unserer Alltagsobjekte vorkommen? Oder dass die Natur ohne sie in dieser Form nicht existieren würde? So ist etwa Calciumcarbonat ein wichtiger Bestandteil von Muscheln und Schnecken, aber auch für uns Menschen ist Calciumcarbonat nützlich, es dient zum Beispiel der Herstellung von Kunststoffen oder Farben.

Noch spannender wird es bei einem der vielen Workshops und den Exkursionen. Im Experimentierraum dürfen Kinder den »Klang der Steine« erfahren, indem sie mit Vulkangestein, Schieferplatten, Kieseln oder Kalksteinen Hörexperimente veranstalten. In der Präparationswerkstatt können Fundstücke mit Hammer und Schleifmaschine bearbeitet werden. Ob am Ende etwas richtig Seltenes dabei entdeckt wird?

Die Dauerausstellung im unter Denkmalschutz stehenden Schulgebäude an der Kupferdreher Straße ist kostenfrei. Workshops und Exkursionen sind kostenpflichtig.

Adresse Kupferdreher Straße 141/143, 45257 Essen // ÖPNV RE 49, Haltestelle Kupferdreh Bahnhof; Bus 141, 177, Haltestelle Poststraße // Öffnungszeiten Di–So 10–18 Uhr, Workshops und Exkursionen je nach Veranstaltungskalender // ab 6 Jahre

TIPP: Der »Geologische Wanderweg« führt am Baldeneysee vorbei und liegt unweit des Mineralienmuseums. Infotafeln und eine Rallye führen in die geologische Geschichte des Ruhrgebiets, die 300 Millionen Jahre zurückgeht.

64_ DAS PHÄNOMANIA ERFAHRUNGSFELD

Naturwissenschaft entdecken

Wie entsteht ein Feuertornado? Sehen meine Augen richtig, oder verdreht mir die optische Scheibe meine Wahrnehmung? Und wie funktioniert Zentrifugalkraft? Das Phänomania Erfahrungsfeld auf dem Gelände der ehemaligen Zeche Zollverein in Essen will Naturwissenschaft erlebbar machen. Physikalische Phänomene können hier nicht nur angeguckt, sondern mit allen Sinnen erfahren und ausprobiert werden.

An verschiedenen Stationen im Innen- und Außenbereich dürfen die Exponate angefasst, beschnuppert, betastet, gewendet und gedreht werden. Das Team des Phänomania Erfahrungsfelds steht dabei mit Rat und Tat zur Seite, erklärt Experimente oder gibt Hilfestellung. Das Besondere der Ausstellung: Die Exponate erklären sich eigentlich von selbst. Durch Ausprobieren erschließen sich die Phänomene, und die kleinen und großen Gäste lernen ganz nebenbei eine Menge über physikalische Gesetze und die eigene Sinneswahrnehmung.

Für den Streifzug holt man sich an der Museumskasse einen Entdeckerpass ab. Pro Station wird ein Stempel gesammelt – am Ende gibt es eine Belohnung (auch wenn der Pass nicht ganz voll ist). Damit es in der Halle nicht zu voll wird, arbeitet das Museum mit Zeitfenstern à zwei Stunden. Vor dem Besuch kann man die gewünschte Startzeit über die Webseite buchen. Bei schönem Wetter lohnt sich im Anschluss ein Besuch im Biergarten oder auf dem Spielplatz.

TIPP: Nur einen kleinen Fußmarsch entfernt liegt der Schonnebecker Marktplatz. Hier bietet das Jugendzentrum des Stadtteils dreimal in der Woche Spiel- und Spaßangebote mit Outdoor-Spielzeug an (Termine unter www.jugendwerk-essen.de).

Adresse Am Handwerkerpark 8–10, 45309 Essen // **ÖPNV** Bus 154, 183, 348, Haltestelle Huestraße // **Öffnungszeiten** Mo–So 9–18 Uhr, Buchung vorab nötig unter www.erfahrungsfeld.de // ab 3 Jahre

65_DAS RUHR MUSEUM

Die längste Rolltreppe des Ruhrgebiets

Wie kriegt man Kinder ins industriekulturelle Museum? Indem man ihnen das erste Highlight schon verspricht, bevor der Museumsbesuch überhaupt begonnen hat! Im Ruhr Museum ist das die Art, auf die man ins Museum hineinkommt. Über eine laaange Rolltreppe nämlich, auf der die Fahrt gute 90 Sekunden dauert.

Die 58 Meter lange Rolltreppe befördert die Museumsgäste auf die 24 Meter hohe Ebene der ehemaligen Kohlenwäsche von Zeche Zollverein. Die Sonderanfertigung ist eine Anspielung auf die historischen Bandbrücken, auf denen zu aktiven Zechenzeiten die Kohle befördert wurde. Bei Dunkelheit leuchten die beiden Rolltreppen – eine fährt hoch, eine runter – strahlend orangerot. Dazwischen gibt es eine Stahltreppe mit 136 Stufen.

Oben angekommen, gelangt man zu den Ausstellungen. Die Dauerausstellung zeigt die gesamte Natur- und Kulturgeschichte des Ruhrgebiets, und auch die Sonderausstellungen drehen sich ums Ruhrgebiet und seine Bewohner. Für Familien gibt es diverse Angebote: Da wäre etwa die Museumstasche »Rätsel-Reise Ruhr Museum«, mit der Familien sich auf eigene Faust auf den Weg machen können. Oder man schließt sich einer Führung oder einem Kinderworkshop an.

Ab 2021 lädt die Mitmachzeche im denkmalgerecht hergerichteten Wagenumlauf der Gründerschachtanlage 1/2/8 Kinder und Jugendliche dazu ein, die Arbeit auf der Zeche selbst nachzuempfinden. An 13 Stationen geht es vom Abbau der Kohle über die Förderung bis hin zum Sortieren und Klassieren.

TIPP: Auf dem weitläufigen Gelände der Zeche Zollverein gibt es noch ein weiteres Museum: Im Red Dot Design Museum dreht sich alles ums Thema Produktdesign, es wird auch eine Museumsrallye für Kinder angeboten.

Adresse Gelsenkirchener Straße 181, 45309 Essen, www.ruhrmuseum.de // **ÖPNV** Bus 183, Haltestelle Essen Kohlenwäsche; Straßenbahn 107, Haltestelle Zollverein // **Öffnungszeiten** täglich 10–18 Uhr // ab 6 Jahre

66_Schlitten fahren im Lührmannwald

Auf den Hügel, fertig, los!

Wenn alle Jahre wieder mal genügend Schnee fällt, um den Schlitten aus dem Keller zu holen, dann ist guter Rat teuer. Welches ist der beste Spot zum Rodeln? Das Ruhrgebiet ist nicht unbedingt bekannt für seine Berge. Hinzu kommt: Ab zehn Zentimetern Neuschnee kommen die Räumdienste der Städte nicht mehr so richtig hinterher. Hier ist halt niemand besonders schneeerprobt. Aber das macht nichts – dann bleibt man einfach in der eigenen Stadt!

Ein beliebter Treffpunkt in Essen ist der kleine Lührmannwald zwischen Grugapark und Margarethenhöhe. Hier geht es bergauf und bergab, und viele mal sanfte, mal steilere Hänge (die normalerweise Fußwege sind) eignen sich für die kleine Schlittenfahrt zwischendurch. Weitere gute Rodelspots in Essen sind die Hügel rund um die »Heimliche Liebe« oberhalb des Baldeneysees sowie die Umgebung der Burg Altendorf.

In der Nachbarstadt Bochum rodelt es sich am Tippelsberg und am Hang des Zeiss-Planetariums besonders gut. Dortmunder treffen sich gern am Phoenix-See, im Tremoniapark oder am Deusenberg. In Hattingen gibt es sogar ein bisschen Schnee-Infrastruktur: »Am Stuten« fährt ein Skilift, an dessen Ende eine richtig lange Abfahrt wartet. Auch in Witten gibt es einen richtigen Rodelberg: Am Hohenstein geht es ganze 100 Meter bergab.

Im westlichen Ruhrgebiet trifft man sich zur lustigen Schlittenfahrt unter anderem im Oberhausener Kaisergarten oder am Duisburger Kaiserberg. In Bottrop lädt die Tetraeder-Halde zum Rodeln ein.

Adresse Parkplätze an der Virchowstraße/Ecke Hohlweg, 45147 Essen, Beginn des Waldstücks »Lührmannwald« hinter der Unterführung // ÖPNV U 17, Haltestelle Halbe Höhe // ab 3 Jahre

TIPP: Die Gartenstadt Margarethenhöhe ist auch im Winter einen Besuch wert. Beim kleinen Abstecher in die Siedlung kommt man sich vor wie auf dem Dorf statt in der Großstadt.

67_DER VERKEHRS-SPIELPLATZ

Fahren üben in der Gruga

Der Helm ist Pflicht, und die Beine müssen auch lang genug sein – dann steht der halbstündigen Übungseinheit auf dem Verkehrsspielplatz nichts mehr im Weg! Der Übungsplatz liegt auf dem Gelände des Grugaparks, Eingang »Am Grugabad«, und wird von der Verkehrswacht und der Polizei betreut. Zwischen Ostern und den Herbstferien können Kinder ab Grundschulalter hier jedes Wochenende ausprobieren, wie sich echter Straßenverkehr anfühlt – mit Ampelanlage, Zebrastreifen und Radwegen.

Die Kettcarfahrer bewegen sich auf der Straße, während die Radfahrer sich auf den Radwegen halten müssen. Nach einer Viertelstunde wird getauscht. Gut zu wissen: Eigene Fahrräder dürfen nicht mitgebracht werden. Die hier herausgegebenen Räder haben 20 Zoll, weshalb die Kids mindestens 1,20 Meter groß sein sollten.

Vor oder nach dem Üben steht der ganzen Familie der gesamte Grugapark offen. Der Park hat seinen Namen von der »Großen Ruhrländischen Gartenschau«, die 1929 auf dem Gelände stattfand. Heute ist die Gruga ein 65 Hektar großer Erholungspark mit jeder Menge Spielplätzen, einem Streichelzoo, Volieren, einem Irrgarten, einer Rollschuhbahn, Schaugärten und vielem mehr.

Die Grugabahn fährt einen bequem vom einen Ende des Parks zum anderen und dann auch wieder zurück, denn die Tickets gelten den ganzen Tag. Verpflegung findet man in der Orangerie oder an einer der vielen Buden, die Eis, Pommes und Waffeln verkaufen.

TIPP: Die Low-Budget-Alternative zum kostenpflichtigen Grugapark ist der nahe dem Gruga-Eingang »Orangerie« liegende Haumannplatz. Hier gibt es einen schönen großen Spielplatz und auf der Wiese viel Platz zum Ballspielen und Picknicken.

Adresse Am Grugapark, 45131 Essen, www.grugapark.de // ÖPNV U 11, U 17, Bus 142, Haltestelle Messe West-Süd/Gruga // Öffnungszeiten Verkehrsspielplatz: Sa, So und Feiertage 15–18 Uhr, Grugapark: 9 Uhr bis Sonnenuntergang // ab 6 Jahre

68_DIE VOSSGÄTTERS MÜHLE

Alle dreckig, alle glücklich

Die guten Sachen zieht man seinem Kind hier nur einmal an – danach hat man dazugelernt. Denn nach einem Tag an der Voßgätters Mühle sind die Kinder erstens müde, zweitens glücklich und drittens ganz schön dreckig! Das Hauptthema des Natur- und Jugendzentrums, das von NABU und NAJU betrieben wird, lautet schlicht und ergreifend: draußen sein!

Zwar bietet die ehemalige Wassermühle, die 1895 erbaut und 2013 nach umfangreicher Sanierung mit neuer Funktion wiedereröffnet wurde, auch gemütliche Innenräume. Doch Ziel der hiesigen Aktionen ist immer, möglichst viel Zeit draußen zu verbringen. Das gilt sogar schon für die Kleinsten. Das Team der Voßgätters Mühle organisiert Naturspielgruppen für Kinder von eineinhalb bis drei Jahren, danach geht es weiter mit Vier- bis Sechsjährigen. In diesen Altersklassen sind die Eltern als Begleitpersonen gefragt – und werden staunen, wie kreativ und neugierig kleine Kinder Natur und natürliche Materialien erkunden.

Ältere Kinder können die reinen Kinderangebote nutzen. Offene Treffs (»Mio – Mühle ist offen«) finden zweimal pro Woche statt. Zusätzlich gibt es eine breite Palette an besonderen Aktionen und Ferienprogrammen. Immer im Fokus: freies Spiel draußen, Gruppenerlebnis und für die Älteren erste praktische Naturschutzarbeit. Dazu geht es schon mal raus auf eine der vom NABU betreuten Streuobstwiesen oder zur eigenen Schafherde. Der direkt an der Mühle verlaufende Bach lädt ebenfalls zu Erkundungstouren ein. Becherlupen nicht vergessen!

TIPP: Unweit der Voßgätters Mühle liegt das Schloss Borbeck mit seinem großen Schlosspark. Highlight für Kids: der große Spielplatz mit der langen Röhrenrutsche.

Adresse Möllhoven 62, 45355 Essen // ÖPNV Bus 143, Haltestelle Lindnerplatz; Bus 185, Haltestelle Triftstraße // Öffnungszeiten offener Treff »Mio – Mühle ist offen« Fr 15–18 Uhr, Sa 10–13 Uhr, weitere Angebote unter www.vossgaetters-muehle.de // ab 1,5 Jahre

69_DAS ZAUBER THEATER

Zauberei auf Augenhöhe

Stahlringe, die miteinander verschmelzen. Die gefährliche »Karten-Ente« Oskar, die sich stets die richtigen Karten schnappt. Und Naturgesetze, die plötzlich außer Kraft gesetzt zu sein scheinen. Das alles passiert hier nicht auf einer großen Bühne mit viel Hokuspokus und Knallpeng, sondern direkt vor den Augen der Zuschauer – nur eine Armlänge entfernt!

Das Zauber Theater von Ingolf Schmidt zeichnet sich durch seine Nähe zu den Gästen aus. Zur Begrüßung wird Prosecco oder Apfelschorle serviert und der erste Plausch zwischen Gastgeber und Besuchern gehalten. Mit maximal 20 Gästen ist die Atmosphäre ruhig und vertraulich. Auch bei der anschließenden Zaubershow gibt es keine Distanz zum großen Zampano, sondern echtes Zauberhandwerk auf Augenhöhe. Kleine und große Gäste sitzen direkt am Zaubertisch, dürfen Fragen stellen und in der Pause selbst die Requisiten ausprobieren. Und so wird umso rätselhafter, wie es sein kann, dass vor den eigenen Augen Dinge verschwinden, sich verhaken oder die Gedanken der Zaubergäste gelesen werden.

Das Zauber Theater schließt an die Tradition der »magischen Salons« an, die im 18. Jahrhundert in Mode kamen. Das Prinzip von damals hat bis heute nichts von seiner Faszination verloren. Nach der knapp zweistündigen Vorstellung gehen die Theatergäste mit staunenden Augen nach Hause. Und können später zu einem Kurs in Zauberei wiederkommen. Zaubermeister Ingolf gibt sein Wissen über Kartentricks und Tischzauberei gern an den Nachwuchs weiter.

TIPP: Für hungrige Zaubergäste: Schräg gegenüber vom Zauber Theater gibt es bei »200 Gramm« Pommes aus frischen Kartoffeln und Burger aus Biofleisch.

Adresse Holsterhauser Straße 64, 45147 Essen // **ÖPNV** U 17, Haltestelle Gemarkenplatz // **Öffnungszeiten** Vorstellungen meist Sa 20 Uhr, Termine und Zauberkurse unter www.zaubertheater-essen.de // ab 6 Jahre

70_DAS ZIEGENGEHEGE WICHTELTAL

Rettung für Ziegen

Manchmal sind es die kleinen Ausflüge, die am glücklichsten machen. Raus ins Grüne, am besten schön stadtnah, und wenn dann noch Tiere zum Streicheln da sind: perfekt! Das Ziegengehege Wichteltal ist genau so ein Ort, an dem man sicher keine Stunden verbringt, aber eine schöne ruhige Auszeit in der Natur erleben kann. Auf der Ruhrhalbinsel von Essen-Überruhr gelegen, betreibt der Verein Tiergehege Wichteltal hier ein Gehege, das mittlerweile um die 30 Ziegen beherbergt.

Die erste kleine Ziegenherde zog im Jahr 2004 ein, seitdem kommt immer wieder Nachwuchs dazu. Die meisten Tiere werden aus schlechter Haltung übernommen, zum Beispiel wenn ihre Vorbesitzer mit den Ziegen überfordert waren oder sich nicht mit artgerechter Haltung auskannten. Sogar ehemalige Zirkustiere sind schon in der Herde untergekommen. Das ergibt ein buntes Bild aus kleinen Zwergziegen bis hin zu großen Deutschen Edelziegen, bei denen die Böcke bis zu 100 Kilogramm schwer werden können.

Der Zugang zum Ziegengehege ist frei, allerdings kann man das Gehege nicht betreten, sondern die Tiere nur durch den Zaun streicheln und füttern. Der Futterautomat ist dabei ein kleiner Intelligenztest für die Erwachsenen. Recht historisch aussehend, erfordert seine Betätigung etwas Erfahrung. Tipp: 20-Cent-Stücke parat haben, Hebel nach links drehen, Münze einwerfen, Hebel dann erneut nach rechts und links drehen, bis das Futter kommt. Hand oder Behälter drunterhalten nicht vergessen!

Adresse Wichteltal 219, 45277 Essen // **ÖPNV** SB 15, Haltestelle Heuweg // **Öffnungszeiten** immer zugänglich, Tag der offenen Tür mit Osterfeuer rund um die Osterfeiertage, Termine unter www.wichteltal.de // ab 0 Jahre

TIPP: Im angrenzenden Burgaltendorf steht noch die Burg, die dem Stadtteil seinen Namen gab. Die Ruine stammt aus dem 12. Jahrhundert und kann in der Sommerzeit samstags, sonntags und an Feiertagen besichtigt werden.

71_ DAS KUNSTMUSEUM

»Mit Oma und Opa ins Museum«

Das generationenverbindende Familienprogramm im Gelsenkirchener Kunstmuseum trägt den Titel »Mit Oma und Opa ins Museum« – Mama und Papa oder andere Bezugspersonen sind aber genauso erlaubt. Ziel des Angebots: sich gemeinsam bildender Kunst nähern, die Ausstellung entdecken und selbst kreativ werden. Begleitet werden die Angebote von den Museumspädagoginnen des Museums.

Besonders spannend auch für individuelle Besuche mit Kindern ist die in ganz Deutschland einzigartige Sammlung kinetischer Kunst. Manche Kunstwerke können sogar mit allen Sinnen erlebt werden: Was löst dieser Schalter aus? Wie verändert sich das Objekt, wenn ich es in Bewegung setze? Welche optischen Effekte entstehen, wenn ich meinen Standpunkt ändere?

Im Rahmen der Kinder- und Familienangebote des Museums können im Anschluss auch eigene Kunstwerke geschaffen werden. Drei Werkräume stehen den Kindern und Jugendlichen zur Verfügung, um unter fachkundiger Betreuung eigene Kunstwerke herzustellen. Bei gutem Wetter geht es auch mal nach draußen: Action Painting macht mehr Spaß, wenn man keine Angst haben muss, einen sauberen Werkraum dreckig zu machen.

In den Ferien (außer den Weihnachtsferien) bietet das Kunstmuseum in je einem Vormittags- und Nachmittagsblock ein kostenfreies und offenes Ferienprogramm an. Eine telefonische Anmeldung wird trotzdem empfohlen. Für zu Hause steht online ein großes digitales Angebot für Kids und Teens zur Verfügung.

Adresse Horster Straße 5–7, 45897 Gelsenkirchen // **ÖPNV** Straßenbahn 301, 302, Haltestelle Buer Rathaus/Kunstmuseum // **Öffnungszeiten** Di–So 11–18 Uhr, Familienprogramm an den Wochenenden nachmittags, Anmeldung unter Tel. 0209/1694361 // ab 6 Jahre

TIPP: Nur etwa fünf Minuten zu Fuß entfernt liegt in der Hagenstraße 36 eine liebevoll im Stil der 60er Jahre eingerichtete Crêperie, in der bestimmt auch Kinder etwas Leckeres finden.

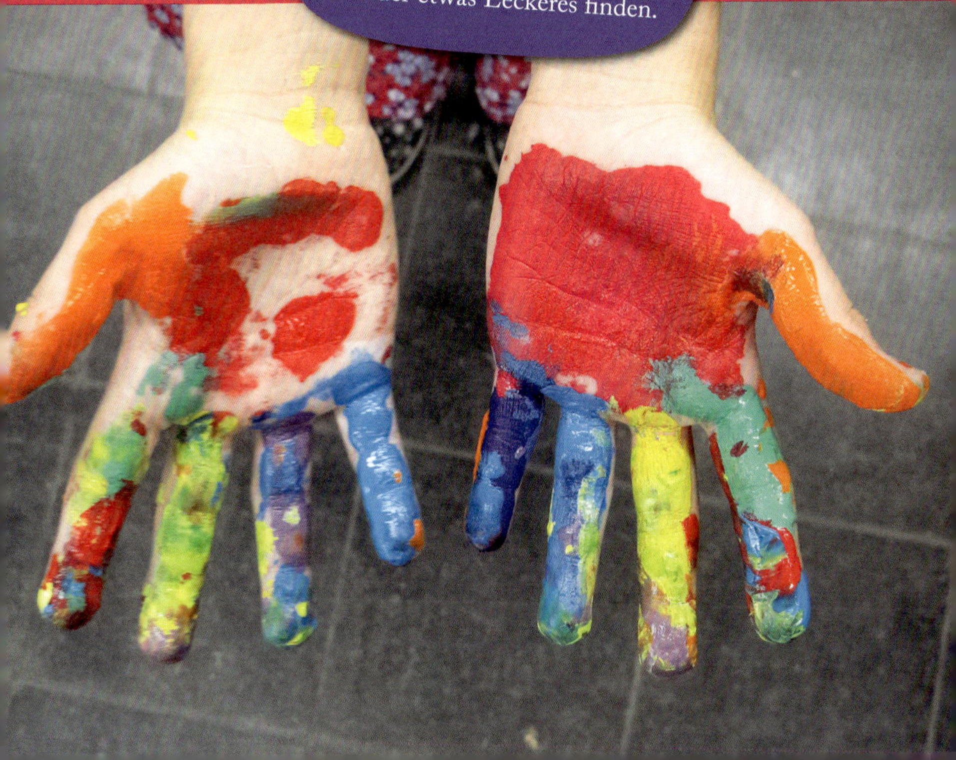

72_DER NORDSTERNPARK

Ab ins Kinderland!

Im Nordsternpark gibt es mit Kids zunächst ein Ziel: das Kinderland. Im Sommer ist der große Wasserspielplatz das wahre Highlight des Parks. Auf einer großen Wasserfläche können ältere Kinder sogar mit einem Floß übersetzen und in Fässern paddeln. Dank Wasserpumpen, Becken und Wasserfällen bleibt in der warmen Jahreszeit hier wirklich kein Kind trocken!

Aber auch bei weniger warmem Wetter lohnt sich ein Ausflug zu den Spielplätzen. Kletternetze, Rutschen mit verschiedenen Längen und ganz viel Sand machen kleine und große Kinder glücklich. Sand- und Wasserspielzeug, Bälle und vieles mehr kann man sich kostenlos im Kinderland ausleihen. Die Rasenflächen laden zum Picknicken ein. Es gibt aber auch ein kleines Café, das Snacks und kühle Getränke verkauft.

Wer es schafft, die Kinder von den vielen Spielangeboten wegzulocken, kann sich noch den restlichen Park ansehen. Seinen Namen hat der Nordsternpark von der Zeche Nordstern, die 1993 auf diesem Gelände stillgelegt wurde. 1997 erfolgte der Umbau für die Bundesgartenschau, aus der danach der heutige Freizeit- und Landschaftspark hervorging.

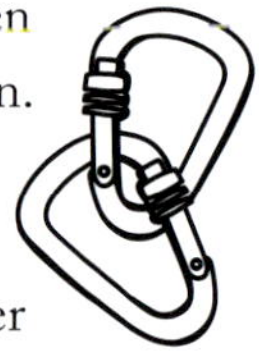

Neben den vielen Spazierwegen gibt es auch eine große Kletteranlage mit den Schwierigkeitsgraden III bis IX. Im Amphitheater finden regelmäßig Outdoor-Events und Konzerte statt. Prägendes Bild von fast jedem Standpunkt aus ist die rote Doppelbogenbrücke über den Rhein-Herne-Kanal – eine reine Fußgänger- und Radfahrerbrücke, die 1997 zur BUGA eröffnet und 2001 mit einem Design-Preis ausgezeichnet wurde.

TIPP: Das Kinderland wird vom Ziegenmichel e. V. getragen. Der Verein betreibt auch einen Lernbauernhof direkt neben dem Park.

Adresse Am Bugapark 1, 45899 Gelsenkirchen // **ÖPNV** Bus 383, Haltestelle Landschaftspark Heßler // **Öffnungszeiten** immer zugänglich, Integrationscafé im Kinderland täglich 10–18 Uhr // ab 0 Jahre

73_DIE PRACHTLAMAS

Spaziergang mit Paarhufern

»Schau einem Lama nicht zu lange in die Augen – du könntest dich verlieben.« So oder so ähnlich soll ein peruanisches Sprichwort lauten. Wenn es der Wahrheit entspricht, begeben sich die Besucherinnen und Besucher von »Prachtlamas« in romantische Gefahr. Denn das Angebot am Nienhausenbusch lebt von der Begegnung zwischen Mensch und Paarhufer.

Schon der Auftakt einer Lama-Begegnung kann dabei sehr lehrreich für Kinder und Erwachsene sein: Tiere machen genau wie Menschen ihre individuellen Grenzen klar. Sie zeigen uns durch Körpersprache und Mimik, ob und wo sie gestreichelt werden wollen – und wann sie lieber ihre Ruhe möchten. Die dunklen Lamas Diego und Caruso sind meist schon auf dem Weg zur Besuchergruppe, sobald sie die frischen Haselnusszweige sehen, die ihre Tierpflegerin ihnen mitgebracht hat. Der weiße Dancer jedoch lässt sich gern bitten.

Lama-Besitzerin Beate Pracht legt bei ihren Angeboten besonderen Wert auf Ruhe und Achtsamkeit. Neben Lama-Begegnungen für Kinder und Erwachsene bietet sie auch Therapiestunden an, die zur Entspannung beitragen und soziale Kompetenzen fördern sollen. Beim Erlebnisnachmittag für Kinder ab sechs Jahre in Begleitung der Eltern stehen Füttern, Streicheln und Führen auf dem Programm – vorausgesetzt, dass alle bei der Einführung in Lamakunde gut aufgepasst haben! Zum Glück sind die wuscheligen Tiere von besonders sanftem Charakter und scheinen sich über die viele Aufmerksamkeit zu freuen. Und natürlich über ein Leckerchen!

Adresse Wiese hinter/neben der »Kinderburg« im Gesundheitspark Nienhausen, Feldmarkstraße 209, 45883 Gelsenkirchen // **ÖPNV** Straßenbahn 107, Haltestelle Revierpark Nienhausen // **Öffnungszeiten** Erlebnis-Begegnungen unter der Woche ab 13.30 Uhr und am Wochenende ab 11 Uhr, Termine unter www.prachtlamas.de // ab 6 Jahre

TIPP: Im Café in der »Kinderburg« kann man sich nach der Lama-Begegnung ein leckeres Stück Kuchen gönnen.

74_DIE MILCHTANKSTELLE

O'zapft is!

Wer kennt es nicht, das Vorurteil, Stadtkinder wüssten gar nicht, woher die Lebensmittel wirklich kommen. Diesen Vorwurf muss sich kein Ruhrgebietskind gefallen lassen – wenigstens nicht, wenn es um Milch geht. Denn die kommt doch von der Milchtankstelle! Zum Glück liegt das kleine Häuschen, in dem der Milchautomat untergebracht ist, direkt neben dem großen Hof. Mit etwas Glück können die Kids also auch noch ein paar echte Kühe erspähen, damit keine Missverständnisse aufkommen.

Die Milchtankstelle in Gladbeck ist eine prima Mischung aus automatisiertem Einkaufsservice und echter Nähe zum Erzeuger. Der Hof Overgünne bietet den Verkauf mit Selbstbedienung an zwei Orten an, die man mit dem Auto unkompliziert anfahren kann. Und dann geht der Spaß los: Nach Einwurf des Münzgelds (der Automat nimmt keine Scheine, gibt aber Wechselgeld raus) stellt man einfach die mitgebrachte Flasche in den Abfüllbereich. Auf Knopfdruck strömt die frische Milch in die Flasche.

Wichtig zu wissen: Es handelt sich um nicht pasteurisierte/homogenisierte Rohmilch. Viele Milchliebhaber schwören auf die gesundheitlichen Aspekte dieser unbehandelten Milch, der Hof weist aus Sicherheitsgründen trotzdem darauf hin, dass die Milch vor dem Verzehr abgekocht werden sollte.

Wenn die Milchflasche voll ist, lohnt sich noch ein Blick in die Kühlschränke und Brotfächer. Hier werden diverse weitere Hofprodukte vom Freilandei über leckeren Saft bis zur Grillwurst verkauft.

Adresse Konrad-Adenauer-Allee 51, 45964 Gladbeck; Voßbrinkstraße 61, 45966 Gladbeck // **ÖPNV** Bus 252, Haltestelle Zentralfriedhof (zum Zugang Konrad-Adenauer-Allee); Taxibus TB256, Haltestelle St.-Joseph-Kirche (zum Zugang Voßbrinckstraße) // **Öffnungszeiten** täglich 5–22 Uhr // ab 5 Jahre

TIPP: Im Gladbecker Nordpark gibt es nicht nur einen Teich, der umrundet werden kann, sondern auch einen schönen Spielplatz mit mehreren Rutschen, Klettergerüsten, einer Korbschaukel und Bäumen, die Schatten spenden.

75_DIE VOGELINSEL

Viel buntes Gefieder

»Hallo!«, krächzt es einem entgegen, wenn man sich der Voliere mit den Graupapageien nähert. Die begabten Vögel lernen schnell, die menschliche Sprache nachzuahmen – und sind angeblich ähnlich clever wie ein Vorschulkind. Zu den hübschesten Vögeln, die man auf der Vogelinsel am Schloss Wittringen bestaunen kann, gehören die grauen Papageien aber zugegebenermaßen nicht. Einen Schönheitswettbewerb würden wohl eher die imposanten Aras oder die niedlichen Rußköpfchen gewinnen. Und dann gibt es ja auch noch die vielen kleineren exotischen Vögel, die munter durcheinandersingen und -fiepen.

Im Sommer sind die Vögel in Außenvolieren direkt am sehenswerten Schloss Wittringen untergebracht. Die Grundmauern des Schlosses gehen bis ins 13. Jahrhundert zurück. Hier gibt es auch eine (Außen-)Gastronomie und einen kleinkindsicheren Spielplatz. Und natürlich den Zugang zur Vogelinsel, auf der ein kleiner Rundweg an den Volieren vorbeiführt.

Im Winter werden die wärmeliebenden Vögel im Warmhaus gehalten. Dort kann man durch Glasscheiben einen Blick auf die prächtigen Gefieder erhaschen. Hinter dem Vogelhaus freuen sich zudem die Zwergziegen über Streicheleinheiten. Das Team der Vogelinsel hat sich bewusst gegen eine Füttermöglichkeit im Streichelzoo entschieden, weil die Tiere so weniger aufdringlich sind und sich auch von kleinen Kindern gern streicheln lassen. Zum Austoben lockt nebenan ein großer Spielplatz, der Highlights für Kinder jeden Alters bietet.

Adresse Burgstraße 64, 45964 Gladbeck // **ÖPNV** Bus 189, Haltestelle Gladbeck Stadion // **Öffnungszeiten** Mai–Sept. Mo–Fr 9–17.45 Uhr, Sa, So und Feiertage 10–18.45 Uhr, Okt.–April 9–16 Uhr (nur Warmhaus und Streichelzoo) // ab 0 Jahre

TIPP: Das ganze Waldgebiet rund um Schloss Wittringen lohnt einen längeren Spaziergang. Auf dem kleinen See kann man auch Tretboot fahren.

76_DAS FREILICHTMUSEUM HAGEN

Altes Handwerk zum Angucken und Mitmachen

Ein Museum, in dem man draußen herumlaufen kann, in dem gerannt und getobt, entdeckt, mitgemacht und angefasst werden darf? Gibt es nicht? Gibt es doch! Das Freilichtmuseum in Hagen, das seinen Schwerpunkt aufs Handwerk legt, ist genau so ein Museum.

Auf rund 42 Hektar können kleine und große Gäste etwa 60 rekonstruierte Handwerksbetriebe vergangener Jahrhunderte entdecken. Warum war die Arbeit eines Seilers so anstrengend? Was verbirgt sich hinter dem Beruf des Holmachers? Und warum wurde Kleidung früher vor allem blau gefärbt? Die historischen Häuser und Werkstätten können nicht nur betreten werden – 20 von ihnen sind sogar noch in Betrieb. In der Schmiede wird es laut und heiß, während es beim händischen Textildruck konzentriert und leise zugeht. In manchen Werkstätten darf man sogar mitmachen: Beim Nägelschmieden, Kornmahlen oder Papierschöpfen ist Geschick gefragt!

Das Freilichtmuseum befindet sich im idyllischen Mäckingerbachtal. Vom Eingang aus geht es erst mal bergauf. Wer schon ahnt, dass Kinder da schnell müde werden, kann am Museumseingang gratis Bollerwagen ausleihen. Bald kommt man zum ersten »Dorf«, in dem sich vor allem Schmieden befinden. Etwas weiter aufwärts liegt die zweite Siedlung, in der man alte Kaufmannshäuser und die Bäckerei besichtigen kann. Hier gibt es auch leckere Souvenirs. Für eine Pause bietet sich der Spielplatz an, der vor allem aus Kletter- und Balancier-Elementen besteht.

TIPP: Die Hasper Talsperre liegt nur eine kleine Autofahrt vom Freilichtmuseum entfernt. Den Rundweg von circa fünf Kilometern schaffen die Kleinsten am besten mit Laufrad oder Roller.

Adresse Mäckingerbach, 58091 Hagen // **ÖPNV** Bus 84, 512, Haltestelle Freilichtmuseum // **Öffnungszeiten** April – Okt. Di – Sa 9 – 17.30 Uhr, So 9 – 18 Uhr, Termine und Workshops unter www.lwl-freilichtmuseum-hagen.de // ab 4 Jahre

77_DIE HALTERNER SCHNITZELJAGDEN

Abenteuer, fertig, los!

Schnitzeljagden sind einfach super! Aber leider auch immer mit Arbeit verbunden. Eltern, die schon mal mit viel Liebe und Mühe einen Kindergeburtstag vorbereitet haben, kennen das Problem. Geht das nicht komfortabler? Ja, geht es! Bedanken dürfen wir uns bei zwei Müttern aus Haltern am See, die sich in der Phase des ersten Corona-Lockdowns gefragt haben: Wie beschäftigen wir unsere Kinder am besten? Was macht Spaß, bringt Abenteuer und eine gute Portion Frischluft und Bewegung? Die Antwort war: Schnitzeljagden.

Aus der Idee, kleine Schatzsuchen für die eigenen Kinder und deren Freunde zu veranstalten, wurde schnell etwas Größeres. Heute kann sich jede Familie, ob aus Haltern oder anderswoher, die vorbereiteten »Abenteuerboxen« bestellen und in Haltern am See auf Schatzsuche gehen. Gegen einen angemessenen Preis kommt die vorbereitete Schatzsuche direkt zu einem nach Hause – und dann kann es sofort losgehen!

Das Team von »Halterner Kinder« präpariert normalerweise zwei verschiedene Routen, die alle paar Monate wechseln. Der Startpunkt und die Hinweise befinden sich in der Abenteuerbox, und unterwegs heißt es dann: aufmerksam bleiben! Anhand von Pfeilen auf Steinen und Bäumen oder durch Hinweise aus der Box bahnen sich Kinder und Eltern ihren Weg zum Ziel. Ein bisschen Arbeit für die Erwachsenen bleibt natürlich – schließlich will der Schatz immer frisch versteckt werden. Als Teil der Abenteuerbox hat man ihn jedoch schon vorbereitet dabei.

TIPP: Einige Routen führen zum Waldspielplatz Flaesheim oder an ihm vorbei. Dieser große Abenteuerspielplatz ist auf jeden Fall mehr als nur einen kurzen Zwischenstopp wert.

Adresse Boxen unter www.halternerkinder.de bestellbar oder in der Stadtbücherei Haltern am See erhältlich: Lavesumer Straße 1 g, 45721 Haltern am See // ab 3 Jahre

78_DER HOF SEBBEL

Im Apfel- und Beerenparadies

Manche mögen's süß, manche sauer – und alle werden glücklich mit dem kulinarischen Angebot auf Hof Sebbel. Allein zur Apfelerntezeit im Herbst hat man die Qual der Wahl: Darf es der säuerliche Elstar sein, der fruchtige Pinova oder doch der zuckersüße Gala? Elf Apfelsorten werden auf dem Hof angebaut. Hinzu kommen je nach Saison Zwetschgen, Birnen, Spargel und Kürbis. Und dann lockt natürlich das riesige Beeren-Angebot: Erdbeeren, Himbeeren, Brombeeren, Johannis- und Stachelbeeren wachsen auf dem weitläufigen Gelände und warten nur darauf, gepflückt zu werden.

Denn anders als im heimischen Supermarkt oder auf dem Wochenmarkt wird der Einkauf auf Hof Sebbel zum Erlebnis. Die Apfel-, Birnen- und Zwetschgenbäume stehen in Reih und Glied und wachsen so kompakt, dass auch Kinderhände mühelos an das leckere Obst heranreichen. Ein Stück weiter hinten dehnen sich endlose Erdbeerfelder. Späte Sorten an Beerenobst gedeihen im Folientunnel, wodurch Erd- und Himbeeren noch bis in den Herbst hinein geerntet werden können.

Und was, wenn die Kinder mal keine Lust zum Pflücken haben oder wirklich noch zu klein dafür sind? Dann kann man Pfannkuchen oder ein wahrlich großes Stück Torte im Hofcafé verspeisen oder den Spielplatz nebenan besuchen – mit großem Trampolin und einer Hollywoodschaukel, die ganz romantisch am Baum aufgehängt ist. Bauernhof-Feeling immer inklusive.

Adresse Westruper Straße 170, 45721 Haltern am See, www.hof-sebbel.de // **Anfahrt** A43, Ausfahrt Kreuz Marl-Nord, rechts in Richtung Lüdinghausen/Flaesheim, rechts abbiegen auf Westruper Straße // **Öffnungszeiten** Hofladen: Mi–So 12–18 Uhr, Café: Mi–Fr 12–18 Uhr, Sa, So 9–18 Uhr // ab 3 Jahre

TIPP: Der Hof liegt unweit des Lippeufers. In den Auen kann man herrlich spazieren gehen und mit der Lippefähre »Maifisch« mit eigener Muskelkraft übersetzen.

79_DIE WESTRUPER HEIDE

Es summt und brummt – und blüüüht!

In Haltern am See im nördlichen Ruhrgebiet liegt die Westruper Heide, eine Sandlandschaft, die aus echten Wanderdünen besteht. Solchen, die man sonst nur in Wüsten und Küstengebieten findet. Und so fühlt sich ein Spaziergang in der Heide auch ein bisschen nach Strandurlaub an.

Zumindest in der warmen Jahreszeit zu empfehlen: Schuhe aus und barfuß laufen! Zwar dürfen die Wanderwege nicht verlassen werden, denn in der Heide leben viele seltene Tiere, die nicht gestört werden wollen, darunter Schlingnattern und Zauneidechsen. Da die Wege aber naturbelassen sind, läuft es sich auch hier herrlich weich und leicht. Und Platz zum Rennen, Toben und Herumkugeln gibt es eine Menge!

Wer sich ausgetobt hat, kann dann mal die Ohren spitzen. Eine alte Heideweisheit sagt: Die Heide blüht vom 8. August bis zum 9. September. Zu dieser Zeit strahlt die Landschaft in allerlei Lilatönen, und es summt und brummt an allen Ecken. Vier Bienenvölker leben in der Heide, hinzu kommen 48 Wildbienenarten wie die Weidensandbiene, die in Niströhren im Heidesand lebt. Den Spuren der Bienen folgen kann man auf einer von mehreren Themenrouten.

Vom gemütlichen Spaziergang bis zur kleinen Wanderung ist in der Heide alles möglich. Für Babys und Kleinkinder nimmt man jedoch besser die Trage mit – der Sand erschwert das Durchkommen mit Kinderwagen und Buggy. Wer mag, kann noch einen Abstecher in die angrenzenden Wacholderhaine machen. Dort wird es auf kleinen und schmalen Wegen gleich noch ein bisschen abenteuerlicher.

TIPP: Darf es noch etwas mehr Sand sein? Dann ab zur nächsten Düne! Etwa einen Kilometer östlich der Westruper Heide liegt die Wacholderdüne Sebbelheide.

Adresse Wanderparkplatz Westruper Heide, Flaesheimer Damm, 45721 Haltern am See // **Anfahrt** A 43, Ausfahrt Kreuz Marl-Nord, rechts in Richtung Lüdinghausen/Flaesheim // **Öffnungszeiten** immer zugänglich, Führungen unter Tel. 02364/604194 oder fuehrung@westruper-heide.de buchbar // ab 0 Jahre

80_DAS FEUER.WEHRK

Tatütata aus drei Jahrhunderten

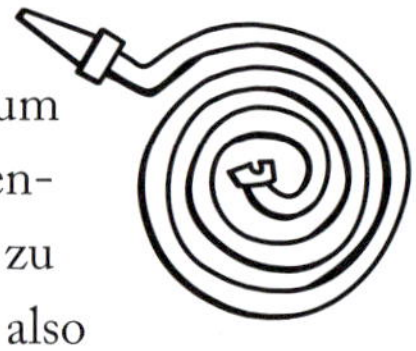

Feuerwehrleute müssen eigentlich gar nichts tun, um die Herzen von Kindern im Sturm zu erobern. Menschen, die ins Feuer gehen, um anderen das Leben zu retten – mehr Held geht doch gar nicht! Was gibt es also Größeres, als selbst einmal in die Rolle eines solchen Helden zu schlüpfen? Im ehrenamtlich betriebenen Feuerwehrmuseum Feuer.Wehrk werden diese Träume wahr!

»Feuer.Wehrk« – das ist kein Rechtschreibfehler, sondern ein Wortspiel aus »Wehr« und »Werk«. Denn das Museum, das rund 60 Ausstellungsstücke, darunter viele große Autos und Leiterwagen, beherbergt, liegt auf dem Werksgelände der alten Henrichshütte in Hattingen. In einigen Fahrzeugen, die in der großen Industriehalle zum Glück genug Platz finden, können kleine und große Feuerwehrfans Platz nehmen und sich selbst wie richtige Lebensretter fühlen. In sogenannten Spielräumen dürfen weitere Dinge angefasst und ausprobiert werden. Und in der Verkleidungsecke warten echte Helme und Koppelgürtel darauf, anprobiert zu werden.

Noch mehr Spielspaß wird an speziellen Öffnungstagen geboten, an denen sich die Ehrenamtler des Museums von der Eimerkette bis zur Schlauch-Olympiade jede Menge einfallen lassen, um Groß und Klein zu begeistern. An den regulären Öffnungssonntagen kann man sich aber auch einfach durch die Ausstellung treiben lassen und historische Luft schnuppern. Manche Löschkarren, die noch per Pferd transportiert oder von Menschenhand gezogen werden mussten, datieren aus dem 18. Jahrhundert.

Adresse Henrichsallee 2, 45527 Hattingen // ÖPNV SB37, Haltestelle Henrichshütte; Bus 554, Haltestelle Hattingen Zum Kraftwerk // Öffnungszeiten Mai–Okt. So 14–18 Uhr, Infos zu Aktionstagen und spontanen Öffnungen unter www.feuerimrevier.de // ab 3 Jahre

TIPP: An schönen Sommertagen kann der Museums- mit einem Freibadbesuch verbunden werden. Nur knapp drei Kilometer entfernt liegt das idyllische Freibad Welper.

81_ DER HOCHOFEN-SPIELPLATZ

Abstich auf der Henrichshütte

Im Ruhrgebiet hat fast jeder jemanden in der Familie, der mal »auf Hütte« gearbeitet hat. In Hattingen auf der Henrichshütte können kleine Arbeiterinnen und Arbeiter ihren Opas und Uropas nacheifern, wenn es heißt: Abstich! Natürlich fließt hier kein heißer Stahl mehr. Stattdessen steht im Rackerwerk, wie der extra für das LWL-Museum angefertigte Hochofenspielplatz offiziell genannt wird, jede Menge Kies zur Verfügung, um den Prozess der Stahlproduktion nachzuahmen.

Der Spielplatz hat 2017 den Deutschen Spielraumpreis gewonnen. Grund dafür ist sicherlich der große museumspädagogische und soziale Wert des Spielplatzes. Denn wer hier allein malocht, wird nicht weit kommen. Es braucht schon viele fleißige Hände, um den Kies (aka Stahl) mittels Loren und Seilzügen hinauf in den Trichter des Spielhochofens zu befördern, ihn dann zum Abstichloch zu transportieren und weiter in die Abstichhalle zu bringen. Dieser Spielplatz macht an belebten Tagen also am allermeisten Spaß!

TIPP: Nur 600 Meter Fußweg entfernt gibt es eine schöne Minigolfanlage direkt an der Ruhr. Im Skatepark Hattingen kann man den Kids beim Skaten zugucken – oder sich selbst aufs Board schwingen.

Für noch mehr Freude steht eine riesenlange Röhrenrutsche zur Verfügung. Kleinere Stahlarbeiter trauen sich zum Feierabend vielleicht erst mal die Kleinkindrutsche herunter. Das Museumspersonal versorgt die Spielplatzgäste gern mit Schippen und betreut auch oft die »Arbeit« auf der Kieshütte. Für einen Euro kann man sich eine Schatzkarte ausleihen, mit der es auf dem weitläufigen Gelände der Hütte einiges zu entdecken gibt. Jeden Sonntag gibt es zudem offene Führungen für Familien, Kinder haben dann freien Eintritt.

Adresse Werksstraße 31 – 33, 45527 Hattingen, www.henrichshuette-hattingen.lwl.org // **ÖPNV** SB37, Haltestelle Henrichshütte // **Öffnungszeiten** Di – So und Feiertage 10 – 18 Uhr // ab 3 Jahre (Spielplatz), ab 6 Jahre (Familienführungen)

82_DIE RUHRESEL

Auf ein Date mit Langohren

Vier Eseldamen hält Sabrina Alexander in einem weitläufigen Offenstall mit viel Weidefläche in Hattingen-Holthausen. Und das hat einen Grund: Esel leben gern paarweise zusammen, und darum gilt: Man sollte mindestens zwei und ansonsten immer eine gerade Anzahl an Tieren zusammenbringen. Die vier Ladys Mathilde, Isabella, Elli und Lotte dürfen hier im ländlichen Ruhrgebiet ein herrliches Eselleben führen. Von ihrer Besitzerin werden sie liebevoll umsorgt und artgerecht gehalten. Dazu gehört auch, dass Gäste ein paar Regeln befolgen müssen.

Die Langohren kriegen zwar gern Besuch und sind sogar darauf trainiert, mit Kindern und Erwachsenen therapiegestützt zu arbeiten. Trotzdem gilt: Die Tiere werden zu nichts gezwungen, jegliche Begegnung basiert auf dem Freiwilligkeitsprinzip. Bei den aufgeweckten Gemütern der kleinen Esel ist das aber normalerweise kein Problem. Neugierig folgen sie jedem Menschen, der ihren Offenstall betritt. Und sie lieben es, in und hinter den Ohren gekrault zu werden!

Sabrina Alexander ist Sozialarbeiterin und ausgebildete Fachkraft für tiergestützte Intervention und unterstützt mit den Esel-Angeboten auch Kinder mit Behinderungen oder Erwachsene mit psychischen Erkrankungen. Darüber hinaus bietet sie immer wieder Eselwanderungen für Familien an. Mit einem kleinen Huftier am Strick geht es dann auf einem zweistündigen Spaziergang durch das hügelige Hattingen. Begleitpersonen mit Kinderwagen sind willkommen. Besucht werden kann der Eselstall nur nach Anmeldung.

TIPP: Bei einem Ausflug nach Hattingen kann man so richtig Luft und Natur tanken. Dazu eignet sich zum Beispiel ein Abstecher ins Naturschutzgebiet Sprockhöveler Bachtal, das gleich unterhalb des Ruhreselstalls liegt.

Adresse Hattingen-Holthausen, genaue Adresse nach Anmeldung // Öffnungszeiten Termine nach Absprache unter www.ruhresel.de // ab 5 Jahre

83_DER ABENTEUER-SPIELPLATZ HASENKAMP

Bauen und spielen am Bach

Spielplätze gibt es viele – aber Abenteuerspielplätze sind etwas Besonderes! Erst recht, wenn auch noch ein echter kleiner Bach einmal quer durch das Gelände verläuft. Die Stadt Herne hat den Schmiedesbach renaturieren lassen. Und jetzt profitieren vor allem die kleinen Spielplatzgäste davon.

Geöffnet ist das Gelände im Hasenkamp rund ums Jahr, und es gibt viele Angebote, die auch wetterunabhängig genutzt werden können. Zum echten Highlight wird der Spielplatz aber im Sommer. Denn dann lockt nicht nur der Bach zum Planschen und Kaulquappenfangen. Das Team des Abenteuerspielplatzes baut auch eine lange Wasserrutschbahn und manchmal sogar Pools auf. Zum Ausklang des Tages wird schon mal die Feuerstelle angefeuert, um Stockbrot oder Folienkartoffeln zuzubereiten.

Auch sonst sind die Mitarbeitenden vom Hasenkamp immer für die Kids da. Sie helfen beim Hüttenbauen in der Holzbauecke, es gibt Bastelaktionen sowie gemeinsames Kochen und Backen in der Gemeinschaftsküche. Unter der Woche locken zwischen 14 und 18 Uhr tägliche Angebote, die eines verbindet: Alles ist freiwillig! Die Kids zwischen sechs und 14 Jahren dürfen kommen und gehen, wie sie Lust haben. Spielpartner im passenden Alter finden sich hier immer.

Auf kleinere Kinder von ein bis fünf Jahren wartet ein großer Kleinkinderbereich mit Buddelkiste, Matschküche, Mini-Moon-Car-Fläche, Nestschaukel und Strandkörben, und für die Erwachsenen sind ausreichend Sitzmöglichkeiten vorhanden.

Adresse Im Hasenkamp 24, 44625 Herne // ÖPNV Bus 303, 362, Haltestelle Albert-Einstein-Straße // Öffnungszeiten Mo–Fr 14–18 Uhr, Ferienangebote und Projektwochen je nach Angebot unter www.herne.de // ab 1 Jahr

TIPP: Hungrig nach dem Spielplatztag? Bei »Die Currywurst« im angrenzenden Wanne-Eickel gibt es die angeblich beste Currywurst im ganzen Ruhrgebiet. Und die schärfste der Welt! Zum Glück darf jeder Gast selbst bestimmen, wie scharf sie sein soll.

84_ DER CIRCUS SCHNICK-SCHNACK

Manege frei für Kids und Teens!

Ein Zirkus von Familien für Familien – das ist der Circus Schnick-Schnack. Jahr um Jahr werden hier Talente gefördert, neue Stärken entdeckt und Freundschaften geschlossen. Einzelkämpfer sucht man vergebens, denn Zirkusarbeit, das bedeutet: Nur gemeinsam sind wir stark! Das Team aus pädagogischer Leitung, Artistinnen und vielen freiwilligen Helfern entwickelt jedes Jahr mehrere Programme mit Kindern und Jugendlichen.

Wer probiert das Einrad aus? Wer will Jonglier-Künstler werden? Und wer traut sich ans Trapez? Das Zirkuszelt an der Eschstraße bietet mit seiner sieben Meter hohen Kuppel viel Platz nach oben. Da kann den Zuschauenden bei der finalen Vorstellung schon mal der Atem stocken. Aber die Kids sind gut vorbereitet. In Ferienprogrammen oder zu festen Terminen unter der Woche treffen sie sich im Zirkus zum Üben und Trainieren, entwickeln Choreografien und bringen sich kreativ ein.

Das Mehrgenerationenprojekt bindet auch gern Eltern und Großeltern mit ein: Requisiten und Kostüme müssen genäht, Gesichter geschminkt, Licht und Ton eingerichtet werden. Hier gibt es immer was zu tun – und zwar für Menschen von null bis 99, ob mit oder ohne Behinderung. Sportliche oder künstlerische Vorerfahrung braucht man nicht. Ganz im Gegenteil: Im Circus Schnick-Schnack werden neue Leidenschaften entdeckt, und es wird in Ruhe trainiert. Zum Schnuppern eignet sich der offene Zirkustreff am Montag. Hier sind alle Interessierten herzlich willkommen.

TIPP: In eineinhalb Kilometern Entfernung liegt das Herner Stadtschloss Strünkede, das nicht nur hübsch anzusehen ist, sondern auch ein abwechslungsreiches Familien- und Kinderprogramm zu Stadtgeschichte und früherem Alltagsleben bietet.

Adresse Eschstraße 75, 44629 Herne // **ÖPNV** RE 1, RE 3, RB 32, S 2, U 35, SB 20, Bus 303, 311, 312, 321, 323, 324, 362, 390, Haltestelle Herne Bahnhof // **Öffnungszeiten** regelmäßige Trainingsgruppen und Ferienprogramme je nach Jahresplanung, jeden Mo offener Zirkustreff, Infos auf www.schnick-schnack.de // ab 6 Jahre

85_DAS GRABUNGSCAMP

Ein Crashkurs in Archäologie

Woher weiß man eigentlich, wie es früher im Ruhrgebiet aussah, wer hier gelebt hat und vor allem wie? Ausstellungen voller ausgegrabener Knochen oder Kulturgegenstände sind für Kinder meist noch schwer zu fassen. Was eher hilft: selbst mit anpacken! Das LWL-Museum für Archäologie ergänzt sein Museum daher seit 2013 um das Grabungscamp. Hier dürfen Kinder und Jugendliche zu Kelle und Pinsel greifen und mal nachsehen: Was liegt da eigentlich alles unter der Erde?

Die Grabungsstellen sind natürlich inszeniert und nachgebaut. Was freigelegt wird, ist am Boden befestigt oder muss nach erfolgreicher Grabung zurückgelegt werden. Wichtig ist aber: Spaß macht es trotzdem – und nebenher lernen die Kids jede Menge über die Grundlagen der Archäologie und die Geschichte des Ortes, an dem sie sich gerade befinden.

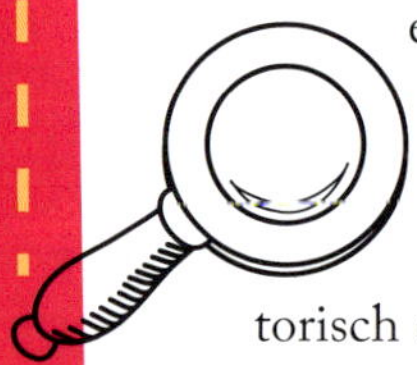

Die terrassenartige Anlage der Grabungsstellen ist historisch orientiert: Je tiefer es geht, desto älter sind die Funde. Das museumspädagogische Team begleitet die Grabungen und kann so direkt geschichtliche Kontexte vermitteln: Welche Strukturen ergeben ein Haus? Wer könnte hier gewohnt haben? Welche Gegenstände lassen auf Grabbeigaben schließen?

Jeden Sonntag um 15 Uhr gibt es einstündige Schnuppergrabungen für Kinder in Begleitung der Eltern oder anderer erwachsener Begleitpersonen (bitte vorher anmelden, da die Plätze begrenzt sind!). Weitere offene Mitmachgrabungen werden im Veranstaltungskalender des Museums bekannt gegeben. Größere Gruppen können auch Einzeltermine buchen.

TIPP: Nur eine kurze Autofahrt entfernt liegt der Bauernhof Schulte-Göcking. Hier kann man je nach Saison Erdbeeren und Bohnen selbst ernten oder Spargel, Kartoffeln, Fleisch, Eier und vieles mehr im Hofladen kaufen.

Adresse Europaplatz 1, 44623 Herne, www.lwl-landesmuseum-herne.de // **ÖPNV** Bus 366, Haltestelle Archäologie-Museum; Bus 303, Haltestelle Archäologie-Museum/Kreuzkirche // **Öffnungszeiten** Di, Mi, Fr 9–17 Uhr, Do 9–19 Uhr, Sa, So und Feiertage 11–18 Uhr, Grabungscamp nur nach Anmeldung unter Tel. 02323/94628-0 // ab 6 Jahre

86_DAS HEIMATMUSEUM UNSER FRITZ

Wie bei Oppa

Das Ruhrgebiet, wie Omma und Oppa es noch kannten – im Heimatmuseum Unser Fritz wird es wieder lebendig. Dabei gibt es das Ruhrpott-Leben aus mehr als einem Jahrhundert hier nicht nur zum Angucken, sondern auch zum Anfassen. Wie fühlt sich ein altes Waffeleisen aus den 1940er Jahren an? Wie schwer ist ein gusseisernes Bügeleisen? Und wie klingt die Tröte eines echten Bonanza-Rads? Für die Original-Jukebox aus dem Jahr 1962 kann man am Museumsempfang sogar Kleingeld tauschen – Euro und Cent gegen D-Mark und Pfennige.

Was den Museumsbesuch enorm erleichtert: wenn Opa oder Oma dabei sind. Die können den Kids zum Beispiel erklären, wie so eine Wählscheibe am Telefon überhaupt funktioniert. Wer will, kann dann gleich Mama zu Hause anrufen, denn das Ausstellungsstück ist ganz normal ans deutsche Festnetz angeschlossen.

Um zur Ausstellung zu gelangen, muss man erst mal durch den an der ehemaligen Zeche Pluto ab- und hier wiederaufgebauten Flöz Wilhelm. Denn die Bergbaugeschichte gehört wie nichts anderes zum Ruhrgebiet dazu. Romantisiert wird sie jedoch nicht: Videoaufnahmen und Zeitzeugenberichte erzählen vom beschwerlichen und sogar gefährlichen Leben vergangener Jahrzehnte. Hier wird der Alltag gezeigt, wie er wirklich war.

Die besondere Atmosphäre des Museumsbaus, eines alten Schulgebäudes aus dem Jahr 1895, trägt zum Erleben bei. Draußen findet sich mit der ältesten Trinkhalle des Reviers (Baujahr 1905) noch ein weiteres architektonisches Highlight.

Adresse Unser-Fritz-Straße 108, 44653 Herne // ÖPNV Bus 328, Haltestelle Paulstraße; Bus 329, Haltestelle Museum Wanne // Öffnungszeiten Di–Fr 10–13 und 14–17 Uhr, Sa 14–17 Uhr, So und Feiertage 11–17 Uhr // ab 5 Jahre

TIPP: Das Heimatmuseum liegt direkt am Rhein-Herne-Kanal, an dem ein Radweg entlangführt. Bei gutem Wetter lohnt sich die Anfahrt per Pedal. Auf der anderen Seite des Kanals gibt es an der Künstlerzeche Unser Fritz einen großen Spielplatz.

87_DAS HEIMATTIERGEHEGE

Fast vergessene Haustierrassen

Aussterbende Tierrassen – die gibt es überall auf der Welt, aber doch nicht bei uns! Leider falsch. Und es sind nicht nur Insekten, Bienen und Hummeln, die beunruhigenderweise immer weniger werden. Auch große Tiere, die früher ganz selbstverständlich in Deutschland heimisch waren, sind vom Aussterben bedroht. Die Rede ist von Nutz- und Haustierrassen vergangener Zeiten, die heutzutage schlicht nicht mehr gezüchtet werden.

Das Heimattiergehege im Volksgarten Eickel hat es sich zur Aufgabe gemacht, einige dieser alten Rassen zu erhalten und »auszustellen«. Die sehr lebendigen Tiere können hier bei freiem Eintritt nicht nur angeschaut, sondern zum Teil auch mit Futter aus dem Automaten gefüttert werden. Wichtig ist jedoch: Gut auf die Beschilderung achten! Einige Tiere dürfen keinesfalls gefüttert werden, weil sie von zu viel Futter krank werden und sogar sterben können.

Die ursprüngliche Idee des 1960 gegründeten Heimattiergeheges war es, immer eine Wildform neben einer Kulturform zu zeigen, also zum Beispiel den Auerochsen neben dem Hausrind oder das Wildschwein neben dem Hausschwein. Heute hat sich der Park auf das Präsentieren beliebter alter Nutztiere verlegt, darunter drei verschiedene Milchziegenrassen und das Husumer Sattelschwein, das wegen seines für aktuelle Ansprüche zu hohen Fettanteils nicht mehr gezüchtet wird. Im Tiergehege selbst darf natürlich nicht gerannt und getobt werden. Dafür gibt es gleich nebenan den großen Spielplatz im Park.

TIPP: Sportsachen mitbringen! Im Volksgarten Eickel gibt es direkt neben dem Heimattiergehege einen umfangreichen Bewegungsparcours mit Balancierstrecken, schwebenden Plattformen und vielem mehr.

Adresse Lohofstraße 28, 44651 Herne // **ÖPNV** Bus 385, 390, Haltestelle Eickel Ev. Krankenhaus // **Öffnungszeiten** 7 Uhr bis zum Einbruch der Dunkelheit, im Sommer bis maximal 20 Uhr // ab 0 Jahre

88_DAS SPIELEZENTRUM H2Ö

Spieliothek statt Bibliothek

Wenn Kinder und Erwachsene sich auf eine Sache einigen können, dann darauf: Spiele machen Spaß! In Familien, in denen viel gespielt wird, stellt sich aber irgendwann die Frage: Wo kriegen wir regelmäßig Nachschub her? Denn Spiele sind leider auch eins: in der Masse ganz schön teuer. Das Spielezentrum Herne schafft Abhilfe.

Mehr als **16.000 Gesellschaftsspiele** können in der »Spieliothek« ausgeliehen werden. Darunter finden sich richtige Schätzchen, die Eltern vielleicht noch aus ihrer Kindheit kennen. Jedes Jahr kommen 500 bis 600 Neuheiten dazu, sodass sich ein buntes Angebot von alt bis neu für alle Altersstufen ergibt. Von »Tempo, kleine Schnecke« bis zu »Die Siedler von Catan« ist für jeden was dabei. Die Spieliothek funktioniert nach dem Bibliotheksprinzip: Gegen eine **Mitgliedsgebühr** von 50 Cent (Kinder) und 1 Euro (Erwachsene) pro Monat dürfen die Spiele mit nach Hause genommen werden. Die Ausleihfrist beträgt in der Regel ein bis zwei Wochen, kann aber – ebenfalls wie in einer Bibliothek – verlängert werden.

Außerdem ist das Spielezentrum unter der Woche auch zum Spielen vor Ort geöffnet. Für Kinder zwischen sechs und zwölf Jahren gibt es betreute Rahmenprogramme. Kicker, Billardtisch und Air-Hockey bieten Abwechslung. Für einen Aufenthalt mit der ganzen Familie eignet sich am besten das **»Spielecafé«**, das immer am zweiten Sonntag im Monat stattfindet.

Adresse Hölkeskampring 2, 44625 Herne // **ÖPNV** U 35, Bus 303, 337, Haltestelle Hölkeskampring; Bus 312, Haltestelle Marienhospital/Jean-Vogel-Straße // **Öffnungszeiten** Mo–Do 14–18 Uhr, jeden 2. So im Monat »Spielecafé« // ab 6 Jahre

TIPP: Auch im nördlichen Ruhrgebiet gibt es eine Spieliothek, die nach einem ganz ähnlichen Konzept funktioniert. Zu finden ist sie in Marl im Stadthaus 2 (Bergstraße 228–230).

89_DER HOF WESSELS

Bildung, die Spaß macht

Bildung und nachhaltige Entwicklung – das sind Schlagworte, die zum Glück auch politisch immer wichtiger werden. In NRW gibt es dafür seit 2016 ein eigenes Programm: Mit dem BNE-Label werden Orte ausgezeichnet, die zur gesellschaftlichen Entwicklung beitragen und insbesondere jungen Menschen Möglichkeiten zum Mitmachen und Mitgestalten geben.

Der Hof Wessels in Herten ist so ein Ort – und wurde sogar mit genau dieser Absicht aufgebaut. Während die Gebäude als ursprünglicher Bauernhof eine lange Geschichte haben, stammt das Konzept des Hofs, wie er sich heute präsentiert, aus dem Jahr 2000. Das Hofteam startete damals mit Förderprojekten für junge Erwachsene, die sich hier nach der Schule beruflich orientieren konnten. Dazu kam mit der Zeit ein buntes Programm mit Angeboten für Kinder und Jugendliche.

Dass es sich hierbei um zertifizierte Bildungsangebote handelt, merken die Kids natürlich nicht direkt. Im Vordergrund stehen Spaß, Bewegung an der frischen Luft und Begegnungen mit Tieren. Kaninchen, Schafe, Ziegen, Ponys, Enten und Hühner wollen zum Beispiel in Ferienfreizeiten gepflegt und versorgt werden. Aus dem großen Gemüsegarten ist mittlerweile eine Solidarische Landwirtschaft entstanden, die ebenfalls viel Raum zum Entdecken und Lernen bietet.

Für alle Aktivitäten, darunter Wildnisabenteuer für Schulkinder, Feuer-Workshops für Jugendliche und Eltern-Kind-Angebote mit unterschiedlichen Themen, muss man sich anmelden.

Adresse Langenbochumer Straße 341, 45701 Herten // ÖPNV Bus 238, Haltestelle Auf dem Hochstück; Bus 243, Haltestelle Sickelmannskamp // Öffnungszeiten nur nach Anmeldung, aktuelle Termine unter www.hofwessels.de // ab 5 Jahre

TIPP: Ganz in der Nähe gibt es noch mehr Natur zu entdecken: Der Naturerlebnisgarten des BUND bietet Workshops und regelmäßige Aktivitäten für Kinder und Jugendliche an, die sich rund um Pflanzen, Tiere und Outdoor-Erlebnisse drehen (Anmeldung unter www.bund-naturerlebnisgarten.de).

90_DER SCHLOSSPARK

Verwunschenes Grün

Verwunschen und mysteriös präsentiert sich der Schlosspark Herten – manche würden ihn vielleicht sogar verwildert oder ungepflegt nennen. Aber mit Kindern im Schlepptau bekommt man einen anderen Blick auf die Dinge, und das ist auch gut so! Im 30 Hektar großen Park kann man nämlich richtig viel entdecken, sich durchs Unterholz schlagen oder Geschichten ausdenken, die zur Ruine der alten Orangerie passen. 1725 erbaut, ist sie jetzt dem Verfall preisgegeben, lässt dafür aber viel Raum für Phantasie.

Auch der Irrgarten wurde vor langer Zeit angelegt: Im 19. Jahrhundert schuf Graf Hermann von Nesselrode ein kleines Kunstwerk aus Pfaden und Pflanzflächen in Labyrinthform. Heute muss man ein bisschen suchen, um die Überreste des Irrgartens zu entdecken, kann sich dann aber herrlich in der Wildnis verlaufen.

Wer dabei die Augen offen hält, wird vielleicht die eine oder andere botanische Kostbarkeit entdecken. Der Taschentuchbaum etwa blüht im Mai und sieht dann tatsächlich aus, als wäre er über und über mit weißen Taschentüchern behängt. Ein alter und imposanter Trompetenbaum bietet sich als natürliches Klettergerüst an. Und der Maiglöckchenbaum verströmt im Frühling einen betörenden Duft.

TIPP: Kein parktaugliches Wetter? In Herten gibt es mit dem Copa Ca Backum ein schönes Spaßbad mit Rutsche, Kleinkindbecken und angenehm warmem Wasser.

Das Schloss Herten kann für Feierlichkeiten gemietet werden, beherbergt aber auch ein Café, das sonntags geöffnet hat. Gegenüber dem Schloss liegt die Narzissenwiese. Im Frühjahr leuchten hier über eine halbe Million der Zwiebelblüher in strahlendem Gelb um die Wette.

Adresse 45699 Herten // **ÖPNV** Bus 211, 212, 243, 249, Haltestelle Schloss Herten // **Öffnungszeiten** immer zugänglich, Café im Schloss: So 13–18 Uhr // ab 0 Jahre

91_ DER BADEWEIHER

Planschen vor Industriekulisse

Im Ruhrgebiet muss man auch mal kompromissbereit sein. Wenn die Sonne knallt und das kühle Nass lockt, zieht es die Menschen in Marl und Umgebung nicht etwa raus ins Grüne, sondern rein in den Chemiepark. Was zunächst nicht sehr idyllisch klingt, entpuppt sich als Geheimtipp, für den Familien gern längere Wege auf sich nehmen.

Denn auch wenn im Hintergrund die Türme und Anlagen eines der größten Chemieunternehmen Deutschlands aufragen, ist es am See grün und natürlich. Die Hälfte des Badeweihers ist als Biotop abgesperrt – an ruhigen Tagen lassen sich hier sogar Fischreiher beobachten. Die andere Hälfte dient als Strandbad und Badesee.

Familien marschieren am besten direkt bis zum Ende des Seegeländes durch. Hier ist ein Extra-Bereich für Nichtschwimmer abgetrennt. Durch den weichen Sand können schon Kleinkinder ins flache Wasser waten oder sich auf die Minirutsche wagen. Auf der Liegewiese sorgen Bäume für ausreichend Schatten, damit die zarte Kinderhaut sich keinen Sonnenbrand holt. Im hinteren Bereich gibt es einen großen Spielplatz mit Wippe, Schaukeln und Klettermöglichkeiten.

Ältere Kinder mag es eher in den Schwimmerbereich ziehen, wo es sogar einen Drei-Meter-Sprungturm gibt. Und für die obligatorischen Freibad-Pommes ist auch gesorgt. Ein Kiosk verkauft Frittiertes und Erfrischungen zu angemessenen Schwimmbad-Preisen.

TIPP: Vom Stadt-See zur Stadt-Kunst: Am Marler Rathaus gibt es mit der Graffiti Gallery eine beeindruckende »Dauerausstellung«. Im Rahmen von Workshops können Kinder zwischen acht und zwölf Jahren hier auch selbst als Graffiti-Künstler tätig werden.

Adresse Paul-Baumann-Straße, 45772 Marl // **ÖPNV** Bus 223, Haltestelle Chemiepark Marl // **Öffnungszeiten** Mai – Sept. wetterabhängig täglich 10 – 20 Uhr, Auskunft unter Tel. 02365/496716 // ab 0 Jahre

92_DER GRAFSCHAFTER MUSENHOF

Eine Reise ins Mittelalter

Angucken ist gut, selbst spielen ist besser! Der Grafschafter Musenhof in der Moerser Altstadt wurde extra errichtet, um Kindern und Jugendlichen das Leben im Mittelalter verständlich zu machen. Die Kids schlüpfen hier in die Rollen authentischer Bürgerinnen und Bürger des Mittelalters in der Zeit um 1400.

Damals war Moers eine Grafschaft, und die Aufgaben der Menschen waren ganz unterschiedlich verteilt: vom einfachen Ackerbürger über den Handwerker bis zum »Bubenkönig«, einer Art mittelalterlichem Polizisten, dessen Aufgabe es war, die Spitzbuben des Dorfes zu fangen. Die kamen dann in den Kerker im Stadtturm.

Der heute nachgebaute Turm ist nur ein Teil der mittelalterlichen Lernstadt. Die Kinder dürfen sich außerdem in der Töpferei, im Backhaus, im Kaufhaus, im Stall und im bürgerlichen Fachwerk-Wohnhaus tummeln und alles ausprobieren. Denn zu tun gibt es eine Menge! Das Getreide muss gemahlen werden und das Messer am Schleifstein geschliffen. Händler wollen ihre Waren verkaufen, und der Ofen wartet darauf, angefeuert zu werden.

Das kulturpädagogische Team des Musenhofs betreut samstags zwischen zehn und 13 Uhr bis zu 40 Kinder zwischen sechs und zwölf Jahren. Dann und während der Ferienprogramme dürfen die Kids sich auch verkleiden, um noch besser in die mittelalterlichen Rollen schlüpfen zu können. An den Wochenenden öffnet der Musenhof nachmittags für Familien, dann allerdings ohne reguläres pädagogisches Programm. Noch mehr Einblicke in die Moerser Stadtgeschichte gibt es im Grafschafter Museum direkt nebenan.

TIPP: Der Musenhof liegt direkt am Moerser Schlosspark mit der historischen Wallanlage. Hier gibt es einen großen Spielplatz, eine Minigolfanlage und einen Zugang zum Moersbach.

Adresse Kastell 9, 47441 Moers // **ÖPNV** Bus 921, Haltestelle Königlicher Hof // **Öffnungszeiten** kostenlose Kinderbetreuung Sa 10–13 Uhr, Familienöffnungszeiten Sa 15–18 Uhr, So 14–18 Uhr, Gruppenangebote und Ferienprogramm auf Anfrage unter www.musenhof-moers.de // ab 6 Jahre

93_DIE CAMERA OBSCURA

Die größte begehbare Lochkamera der Welt

Transparenzen, Laternae magicae, Kaleidoskope, Anamorphosen – das klingt nach komplizierten Fachbegriffen, aber keine Angst! In der Camera Obscura im Mülheimer MüGa-Park werden diese mysteriösen Begriffe mit Leben gefüllt. Das Museum macht die Geschichte des **bewegten Bildes** erfahrbar. Was war vor DVD, Beamer und Videostreaming?

Highlight der Ausstellung ist die Camera Obscura: Im Obergeschoss des Turms befindet sich die weltweit größte begehbare Lochkamera. Das **Panoramabild** der Museumsumgebung wird dabei mit Hilfe von Spiegeln auf einen großen Tisch in der Mitte des Raums projiziert. Dafür wird der Raum einmal ganz abgedunkelt. Kleine Kinder werden sich hier gruseln, daher ist der Besuch erst ab Grundschulalter zu empfehlen.

Die Ausstellung auf den darunterliegenden Etagen bringt den Museumsgästen die Vorgeschichte des Films näher: vom **Schattenspiel,** das im asiatischen Raum schon 200 vor Christus bekannt und beliebt war, bis zum ersten Animationsfilm, der von der Künstlerin Lotte Reiniger im Jahr 1923 mittels Scherenschnitttechnik produziert wurde. Kinder können in der Ausstellung viel entdecken, auf Knöpfe drücken und Schubladen aufziehen. Hocker stehen bereit, damit auch Kleinere die richtige Größe bekommen, um zum Beispiel durch **Kaleidoskope** gucken zu können.

Zu jedem Museumsbesuch gehört eine Vorführung in der Camera Obscura. Das funktioniert jedoch nur bei klarem Wetter. Sollte es zu bedeckt sein oder regnen, erhalten die Gäste einen Projektionsgutschein für einen anderen Tag.

Adresse Am Schloß Broich 42, 45479 Mülheim an der Ruhr, www.camera-obscura-muelheim.de // ÖPNV Bus 122, 124, 131, Haltestelle Schloß Broich // Öffnungszeiten Mi–So 10–17 Uhr // ab 6 Jahre

TIPP: Bei schönem Wetter unbedingt Zeit für einen Besuch in der MüGa einplanen! In den Parkanlagen auf dem Gelände der ehemaligen Landesgartenschau gibt es einen großen Wasserspielplatz. Im und am Ringlokschuppen finden regelmäßig Veranstaltungen statt.

94_DER DÜMPTENER BAUERNHOF

Hello, Pumpkin!

Während die Großen sich auf Weihnachten freuen, haben die Kleinen längst einen neuen Lieblingsfeiertag auserkoren. Wenn man die minderjährige Bande fragt, steht Halloween ganz weit oben auf der Beliebtheitsskala. Bande? Ja genau! Oder wie soll man die Grüppchen umherziehender Kinder sonst nennen, die zu Beginn der dunklen Jahreszeit »Süßes, sonst gibt's Saures!« fordern?

Höchste Zeit also, aus Halloween ein schönes Erlebnis für die ganze Familie zu machen. Am besten geht das auf dem Dümptener Bauernhof. Familie Beek-Bolten bietet hier schon ab September und bis in den November hinein kreative Kürbis-Schnitzkurse für Kinder und Eltern an. Für ausreichend Material ist gesorgt: Auf den Feldern des Dümptener Hofs wachsen an die 90 verschiedene Kürbissorten »von Luft und Liebe«, wie die Landwirtin sagt. Denn die Früchte der Gattung *Cucurbitaceae* werden hier weder gespritzt noch sonst wie behandelt.

Während des Schnitzkurses reicht die Schnitzhexe Kürbiskuchen und Zaubertrank und erzählt allerlei Geschichten über Kürbisse und Halloween. Am Ende wird dann angeleuchtet: Welcher Kürbis strahlt am hellsten? Welcher sieht am lustigsten aus? Und welcher am gruseligsten? Auch außerhalb der Kürbissaison lohnt ein Besuch auf dem Dümptener Bauernhof. Während die Eltern im Hofladen einkaufen, können die Kinder die Zwergziegen Pünktchen und Anton besuchen oder sich die Zeit auf dem Spielplatz vertreiben. Im Advent werden ein familiärer Weihnachtsmarkt und gemeinsames Apfelsaftpressen veranstaltet.

TIPP: Der Dümptener Bauernhof grenzt ans Hexbachtal, in dem man in renaturierter Auenlandschaft spazieren gehen kann. Mit dem »Liebling« und der »Talschänke« gibt es auch zwei Biergärten zum Einkehren.

Adresse Bonnemannstraße 66, 45475 Mülheim an der Ruhr // **ÖPNV** Straßenbahn 102, Haltestelle Oberdümpten // **Öffnungszeiten** Hofladen: Mi–Fr 13–18.30 Uhr, Sa 9–13 Uhr; Kürbisschnitzkurse: Sept.–Nov. wochentags am Nachmittag, Termine und Anmeldung unter www.duemptener-bauernhof.de // ab 6 Jahre

95_DAS HAUS RUHRNATUR

Die Ruhraue zum Anfassen

Wer im Ruhrgebiet lebt, kennt sich doch bestimmt super mit der Ruhr und allem, was mit ihr zusammenhängt, aus, oder? Wenn nicht, ist das kein Grund zur Sorge! Das Haus Ruhrnatur in Mülheim schließt kleine Wissenslücken in Windeseile. Das Erlebnismuseum, das in einem alten Bootshaus aus den 1920er Jahren eingerichtet wurde, hat es sich zur Aufgabe gemacht, die Faszination für die heimische Natur zu wecken.

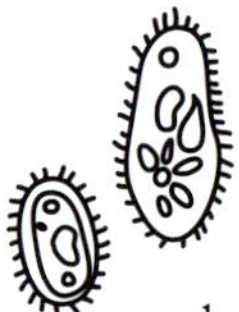

Der Gedanke dahinter: Nur wenn man etwas gut kennt und den Sinn sowie die Schönheit dahinter sieht, ist man auch bereit, sich für dessen Schutz und Erhalt einzusetzen. Diese Wissensvermittlung gelingt im Haus Ruhrnatur mit Leichtigkeit. Denn das Museum setzt dabei auf Mitmachen und Anfassen, Entdecken und Erleben. Unterm Mikroskop werden kleine Wasserflöhe ganz groß. An der Riechstation müssen Gerüche zugeordnet werden. Und wie fühlt sich eigentlich ein Biberfell an?

Weitere Themenwelten beschäftigen sich mit der Klimageschichte der Erde, erneuerbaren Energien sowie der Bionik, also der Technik, sich kluge Fähigkeiten aus der Natur abzugucken und diese auf menschliche Erfindungen zu übertragen. Auch hier darf vieles selbst ausprobiert werden, zum Beispiel der Wasserstromkanal oder die Lotuseffekt-Wasserkugelbahn.

Nach so viel Input und neuen Erfahrungen kann man sich anschließend im Museumscafé ausruhen. Bei gutem Wetter natürlich draußen – mit Blick auf die Ruhr. Von hier kann man auch den Fahrgästen der »Weißen Flotte« winken, die vom Mülheimer Wasserbahnhof aus auf Linienfahrten geht.

TIPP: Das Eiscafé Plati auf der Ostseite der kleinen Insel, auf der das Haus Ruhrnatur liegt, verkauft richtig leckeres Eis.

Adresse Alte Schleuse 3, 45468 Mülheim an der Ruhr, www.haus-ruhrnatur.de // **ÖPNV** Straßenbahn 102, 901, Haltestelle Schloß Broich; Straßenbahn 104, Haltestelle Wilhelmstraße; Bus 133, 752, Haltestelle Kassenberg // **Öffnungszeiten** Di–So 10–18 Uhr // ab 3 Jahre

96_DAS PAPIERWERK

Basteln für Fortgeschrittene

Schöne Dinge aus Papier gefallen kleinen und großen Menschen. Jutta Pfeiffer, Inhaberin des papierwerks im Mülheimer Stadtteil Broich, begeistert sich seit 17 Jahren für filigranes bis kräftiges Papiermaterial und alles, was man damit, daraus und darauf herstellen kann. Der kleine Laden, der 2020 in ein charmantes altes Ladenlokal unweit des Broicher Schlosses umgezogen ist, gilt als Geheimtipp für alle, die besondere Dinge aus Papier und zum Basteln suchen.

Mit ganz kleinen Kindern sollte man vielleicht nicht unbedingt vorbeischauen. Kinder ab Grundschulalter werden aber mit Sicherheit etwas Schönes finden, um kreativ tätig zu werden. Auch die regelmäßig im Frühling und Herbst stattfindenden Bastelworkshops eignen sich prima als Eltern-Kind-Event. Im Origamifalten, Mobile-Gestalten oder Sternebasteln erweist sich so manches Kind geschickter – und vor allem geduldiger – als Mama oder Papa!

Ein Highlight des Ladens ist die große Stempelsammlung. Sich hier zu entscheiden fällt nicht leicht. Das papierwerk war vor über zehn Jahren einer der ersten Läden, die den Trend erkannten. Mittlerweile springen diverse Concept Stores auf den Zug auf, aber eine so große Auswahl an Stempeln findet man immer noch selten.

Liebevoll ausgewählt sind auch die Bücher, unter denen man ganz besondere Bastelbücher findet. Wie wäre es zum Beispiel mit der »Villa Obstkiste«, die einen lehrt, Puppenhäuser und anderes kreatives Spielzeug aus alten Obstkisten zu bauen?

TIPP: Nach dem Neuen noch was Altes kaufen? In knapp 500 Metern Entfernung liegt mit »The Room« ein kleiner Shop für Secondhand- und Vintage-Mode. Hier kriegt man sicher nicht nur etwas für die Verkleidungskiste!

Adresse Holzstraße 3, 45479 Mülheim an der Ruhr // **ÖPNV** Bus 131, Haltestelle Holzstraße // **Öffnungszeiten** Mi–Fr 10–18 Uhr, Sa 11–14 Uhr // ab 6 Jahre

97_DER WITTHAUSBUSCH

Schnullerbaum und Tiergehege

Für einen gelungenen Ausflug mit Kindern braucht es oft nicht viel: einen schönen Spielplatz, ein paar Tiere – und schattenspendendes Gehölz für die Erwachsenen. Insofern hat der größte Volkspark in Mülheim richtig gute Karten, zu einem der Top-Ausflugsziele für Familien zu werden. Wer einmal da war, wird bestimmt wiederkommen!

Das Tiergehege im Witthausbusch ist bei den Kleinsten besonders beliebt. Es ist von überschaubarer Größe, aber sehr gepflegt. Seltene oder sogar vom Aussterben bedrohte Nutztierrassen wie die Weiße Gehörnte Heidschnucke oder die Thüringer Waldziege freuen sich über Futter aus den Automaten (1-Euro-Münzen oder zwei 50-Cent-Stücke mitbringen!). Für die menschlichen Gäste gibt es einen Kiosk, viele Picknicktische und eine Toilettenanlage.

Gleich neben dem Tiergehege liegt der große Spielplatz, der in unterschiedlichen Bereichen Spielgeräte für Kinder jeden Alters in petto hat: vom Schaukelgerüst mit vier Schaukeln über kleine Spielhäuser bis zur Mini-Rutsche für die Kleinsten. In der Nähe des Spielplatzes befindet sich auch eine Besonderheit: Am Schnullerbaum können groß gewordene Kleinkinder ihren Nuckel entsorgen. Die alte Buche ist offizieller Schnullerbaum der Stadt Mülheim, das Schnulleraufhängen ist also ausdrücklich erlaubt!

In der Mitte des Parks gibt es außerdem ein Wildgehege mit Mufflons und Damhirschen. Über das gesamte Parkgelände erstrecken sich weitläufige Spiel- und Liegewiesen, die zum Ausruhen, Picknicken oder Ballspielen einladen.

Adresse Pettenkoferstraße 3, 45470 Mülheim an der Ruhr // ÖPNV Straßenbahn 104, Haltestelle Witthausstraße // Öffnungszeiten Park jederzeit, Tiergehege Mi–So 11–18 Uhr // ab 0 Jahre

TIPP: Unweit des Witthausbusches fließt die Ruhr. Überquert man das Wehr und hält sich flussaufwärts, kommt man zum Ruhrstrand. Hier kann man herrlich in der Saarner Ruhraue spazieren gehen, und es gibt auch eine Ballspielwiese, einen Spielplatz und Grillplätze.

98_DAS BUNKERMUSEUM

Ein wichtiges Stück deutscher Geschichte

Spannend, lehrreich und auch ein bisschen gruselig: Das Bunkermuseum in Oberhausen fasziniert mit seinem etwas morbiden Charakter, will aber vor allem ein Stück wichtiger deutscher Geschichte vermitteln. Der Bunker Alte Heid wurde ab 1941 gebaut, um der Bevölkerung des Stadtteils Schutz vor den Luftangriffen der Alliierten zu bieten. Heute dient er als kostenfrei zugängliches Museum, das die damalige Atmosphäre mit allen Sinnen erfahrbar macht.

Betreten werden kann nur der tiefergelegte Teil des Bunkers. Die oberen Teile des sogenannten Hochbunkers wurden zum Bürgerzentrum umgebaut und beherbergen Vereine und soziale Initiativen. Geht man jedoch ein paar Treppenstufen hinunter, steht man in einer fast vergessenen Welt.

Geplant war der Bunker für 750 Personen. Als während des Zweiten Weltkriegs die Luftangriffe zunahmen, fanden sich jedoch bis zu 3.000 Menschen hier ein, um sich vor den fallenden Bomben in Sicherheit zu bringen. Wie eng es dann in den einzelnen Abschnitten werden konnte, kann man sich gut vorstellen, wenn man durch die Gänge des Bunkers streift.

Zahlreiche Infotafeln informieren über die dunkelste Zeit der deutschen Geschichte. Unter anderem auch darüber, dass dieser Bunker von Zwangsarbeitern erbaut wurde – die, sobald er fertiggestellt war, diesen selbst gar nicht benutzen durften. Alle Infotafeln sind zweigeteilt: Ein Text ist extra für Kinder geschrieben und erklärt einfach und verständlich das Überleben hinter den 1,10 Meter dicken Mauern.

TIPP: Die höchste Erhebung auf Oberhausener Stadtgebiet liegt nur wenige hundert Meter entfernt. Auf die Knappenhalde führt ein Fußweg, der sich den künstlichen Hügel hinaufschlängelt. Oben wartet ein Aussichtsturm mit einem schönen Blick über die Stadt.

Adresse Alte Heid 13, 46047 Oberhausen, www.bunkermuseum-oberhausen.de // **ÖPNV** Bus 143, 953, 960, Haltestelle Alte Heid // **Öffnungszeiten** Mi und So 11–18 Uhr, Führungen am 1. Mi im Monat um 18 Uhr // ab 6 Jahre

99_DER E.U.L.I. BAUSPIELPLATZ

Vom Bau- zum Umweltspielplatz

Wenn aus dem »Baui« der »E.U.L.I« wird, dann ändert sich eigentlich gar nicht so viel – manches wird sogar noch schöner. Viele Jahrzehnte lang begleitete der Bauspielplatz der Ruhrwerkstatt Oberhausen, kurz Baui, Kinder und Jugendliche beim Aufwachsen und bot ihnen einen sicheren Ort, um sich kreativ, sportlich und sozial auszutoben. Durch eine Überarbeitung des Gesamtkonzepts wurde aus dem Baui die »Erlebnis- und umweltpädagogische Lern- und Bildungsinsel«, kurz E.U.L.I.

Der Bauspielbereich blieb nach wie vor erhalten. Hinzugekommen ist aber der Wunsch, Kids und Teens auch in der dicht bebauten Oberhausener City mit Natur, Ökologie, Tieren und Pflanzen in Kontakt zu bringen. Ein Gewächshaus gibt es bereits, und mehrere Hochbeete verschönern das Gelände an der Styrumer Allee. Bei der Pflege der Pflanzen entstehen dann direkt wieder neue Ideen, was man gemeinsam machen könnte: zum Beispiel Naturkosmetik aus Wildpflanzen oder ein leckeres Essen aus dem geernteten Gemüse.

Egal, um welches Programm es geht: Kinder haben hier ein Mitbestimmungsrecht! Das E.U.L.I.-Team beruft dazu sogar ein regelmäßig tagendes Kinderparlament ein. Aber auch wer ganz spontan vorbeischaut, darf mitentscheiden, was heute anstehen soll. Ein Fußbad im Kneipp-Becken? Planschen im Wasserspielbereich? Klettern auf dem Niedrigseilparcours? Oder einfach Lesen und Entspannen?

Adresse Styrumer Allee/Ecke Grevenstraße, 46045 Oberhausen, www.ruhrwerkstatt.net // **ÖPNV** SB 92, Bus 122, Haltestelle Josefstraße // **Öffnungszeiten** Mo 14–17 Uhr, Di–Fr 14–18 Uhr, jeden 3. Sa im Monat Familiensamstag 11–17 Uhr // ab 6 Jahre, jüngere Kinder in Begleitung der Eltern

TIPP: Etwa einen Kilometer in Richtung Oberhausener City gibt es mit »Spielwaren Lausberg« ein alteingesessenes Spielzeuggeschäft, das seinen Schwerpunkt auf Spielzeug aus natürlichen Materialien legt.

100_DER GASOMETER

Wahrzeichen des Ruhrgebiets

Der Oberhausener Gasometer gehört ganz sicher zu *den* Wahrzeichen des Ruhrgebiets. Imposant und unverwüstlich steht er mit seiner Höhe von 117,5 Metern und einem Durchmesser von 67,6 Metern neben dem Rhein-Herne-Kanal. Schon vor knapp 100 Jahren galt er als Meisterwerk der Ingenieurskunst und hatte zudem einen wichtigen Zweck: Er speicherte Gas, das für den reibungslosen Betrieb der Oberhausener Kokereien benötigt wurde.

Mit Schließung der Kokereien wurde auch der Gasometer überflüssig. 1988 wurde er endgültig stillgelegt und vier Jahre später als das wiedereröffnet, was er noch heute ist: die höchste Ausstellungshalle Europas – und zudem eine herrliche Aussichtsplattform, auf der man bei gutem Wetter den Blick 35 Kilometer in die Ferne schweifen lassen kann.

Nach oben geht es am bequemsten und spektakulärsten mit dem innen liegenden Glasaufzug. Die Fahrt gibt außerdem den Blick auf die besonderen Ausstellungsstücke frei. Das kann zum Beispiel eine riesige Weltkugel sein, die mitten im Gasometer schwebt. Die Ausstellungen orientieren sich stets am Raum und sind so angelegt, dass sie die ganze Familie begeistern – vom kleinsten Familienmitglied bis zum ältesten. In der großen Halle kann man zudem ein paar Meter machen und sogar den Kinderwagen mitnehmen. Bis auf die Tribüne sind alle Bereiche barrierefrei zugänglich.

Adresse Arenastraße 11, 46047 Oberhausen, www.gasometer.de // **ÖPNV** Straßenbahn 112, SB90, SB91, SB92, SB93, SB98, Bus 953, 960, Haltestelle Neue Mitte // **Öffnungszeiten** Di–So 10–18 Uhr, in den NRW-Schulferien auch Mo; freier Eintritt für Kinder bis 5 Jahre, Familienkarte für Familien mit bis zu 5 Kindern // ab 0 Jahre

TIPP: Direkt neben dem Gasometer liegt der Hochseilgarten »Tree2Tree« mit 16 Kletterparcours unterschiedlicher Schwierigkeitsgrade, darunter drei extra für Kinder ab einer Körpergröße von 1,10 Meter.

101_ DER GEHÖLZGARTEN

Im voreiszeitlichen Wald

Ein Park wie aus einer anderen Zeit, das ist der Gehölzgarten Ripshorst in Oberhausen. Zwischen CentrO und Rhein-Herne-Kanal ist hier seit den 1990er Jahren ein richtiger kleiner Wald entstanden. Von der Osterfelder Straße aus kommend wird man von einer kleinen Ginkgo-Kolonie begrüßt, die andeutet, was einen erwartet: Bäume, die schon die Dinosaurier gekannt haben. Der Ginkgo ist der älteste dieser Gesellen – bereits vor 360 Millionen Jahren bevölkerte er die Erde. Zum Vergleich: Erst vor circa sechs Millionen Jahren begann die Entwicklung des Menschen.

Wenn man dem Spazierweg folgt, stößt man auf viele weitere lebendige Fossilien. Im Tertiärwald wurden gezielt solche Gehölze angesiedelt, die es bereits vor der letzten Eiszeit gab – manche davon waren damals sogar hier heimisch, verschwanden dann aber mit der Entstehung der Alpen. Heute kann man im Gehölzgarten Ripshorst wieder an den Blättern des Amberbaums riechen (riecht nach Kampfer!) oder die Rinde des Mammutbaums befühlen (fühlt sich bei nassem Wetter an wie Styropor!). Im Frühling leuchten die riesigen Blüten von Tulpenbaum und Magnolie, im Herbst strahlt das rote Laub von Oregon-Ahorn und Kanadischem Rotahorn um die Wette. Infotafeln erklären viel Wissenswertes zu Bäumen, Blättern und ihren Formen. Wer findet zuerst ein eiförmiges, lanzettliches, pfeilförmiges oder gefiedertes Blatt?

Durch den angelegten Weg ist der gesamte Park barrierefrei und kann auch gut mit dem Kinderwagen oder dem Laufrad befahren werden.

TIPP: Auf dem Gelände des Gehölzgartens steht ein echtes Kunstwerk. Die Landmarke »Der Zauberlehrling« stellt einen phantasievoll verbogenen Strommast dar.

Adresse Ripshorster Straße/Ecke Osterfelder Straße, 46117 Oberhausen // ÖPNV RE44, Haltestelle Oberhausen-Osterfeld Süd; SB94, Bus 961, Haltestelle Aquapark // Öffnungszeiten Park immer zugänglich, Besucherzentrum Haus Ripshorst März–Okt. Di–So 10–18 Uhr, Nov.–Feb. 10–17 Uhr, So kostenlose Familienführungen, weitere Infos unter www.rvr.ruhr // ab 0 Jahre

102_KINDERSTOFFE-FARBENFROH

Bunt macht glücklich

Man kann Stoffladen-Inhaberin Beate Pöhlmann eine echte Pionierin nennen: Rund 20 Jahre ist es her, dass sie ihr Geschäft für bunte Stoffe in Oberhausen eröffnete – lange bevor das Selbstnähen von Kinderkleidung hip und modern wurde. 2001 eröffnete der Laden zunächst als Onlineshop mit weniger als 100 Stoffen im Angebot. Heute gibt es einen schönen großen Laden im Hof, der mehr als 1.000 Stoffe vorrätig hat.

Getupft oder gestreift, kariert oder unifarben, aus Baumwolle, Jersey, Cord oder Jeans – hier finden kreative Menschen garantiert den richtigen Stoff! Die passenden Schnittmuster, zum Beispiel für Bodys oder Pumphosen, gibt es direkt dazu. Außerdem eine große Auswahl an Borten, Bändern und Knöpfen. Beate Pöhlmanns Ziel war und ist es, farbenfrohe und fröhliche Stoffe anzubieten, die besonders Kindern gefallen.

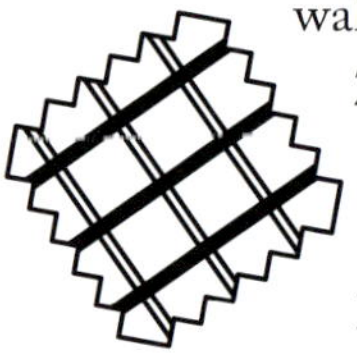

Wer im Nähen noch nicht so fit ist, kann es hier lernen. In den Sommerferien gibt es Nähkurse für Kinder und Jugendliche. Zur Verfügung stehen professionelle Nähmaschinen, die sich durch Geschwindigkeitsreduzierung auf ein kinderfreundliches Nähtempo einstellen lassen. Wer noch nie zuvor genäht hat, bekommt Übungszettel und übt zunächst Linien, Kurven und Ecken. Am Ende des Kurses sind schöne Resultate wie Stiftemäppchen oder Patchwork-Kissen entstanden. Jugendliche und Erwachsene werden auf Anfrage in Samstagskursen auch im Schneidern von Kleidung angeleitet.

TIPP: Im Oberhausener Stadtteil Lirich liegt die Schleuse Oberhausen, durch die bis heute Schiffe fahren. Mit etwas Glück kommt gerade ein Schiff vorbei.

Adresse Duisburger Straße 167, 46049 Oberhausen, Eingang über den Hof // ÖPNV Bus 976, Haltestelle Gustavstraße // Öffnungszeiten Mo, Mi, Fr 9 – 13 und 15 – 18 Uhr, Sa 10 – 13 Uhr, Nähkurs-Termine unter www.stoffefuerkinder.de // ab 8 Jahre

103_ DIE »SLINKY SPRINGS TO FAME«-BRÜCKE

Über den Kanal zum Kaisergarten

Ein Kunstwerk, das man begehen kann, das schwingt und leuchtet und auf dem kleine Spaziergänger sogar mit Bobbycar oder Laufrad fahren können? Das gibt es in Oberhausen! Die von Künstler Tobias Rehberger entworfene Brücke soll einem über den Rhein-Herne-Kanal geworfenen Seil ähneln. Leicht und scheinbar ohne Ordnung schwebt die Brücke spiralförmig über dem Wasser. Das Beste aber ist: Es macht großen Spaß, sie zu überqueren. Auf 406 Metern Länge geht es ganz sanft bergauf und dann wieder bergab. In der dunklen Jahreszeit oder am Abend leuchtet die Brücke zudem in bunten Farben.

Auf der anderen, südlichen Kanalseite liegt der Kaisergarten. Linker Hand befindet sich ein großer Spielplatz mit Toiletten und Imbiss. Hält man sich rechts, kommt man zum Eingang des Tiergeheges. Auf einem Rundweg begegnet man einer Vielzahl an heimischen und exotischen Tieren, die hier möglichst authentisch und artgerecht gehalten werden. Zu den heimischen Tieren, die teilweise auch mit Wildfutter aus dem Automaten gefüttert werden dürfen, gehören Rothirsch, Mufflon, Schaf und Ziege. Aber auch Luchse und Wollschweine können besucht werden.

In der Sommerzeit bietet das Kaisergarten-Team einen Kidsclub für Kinder zwischen sieben und zwölf Jahren an. An einem Samstag pro Monat trifft sich die feste Kindergruppe, um gemeinsam das Tiergehege zu erkunden, aber auch zum Bogenschießen oder Basteln mit Naturmaterialien.

TIPP: Direkt am Kaisergarten liegt auch das Schloss Oberhausen. Die Ludwiggalerie im Schloss zeigt wechselnde Ausstellungen und legt Wert auf museumspädagogische Konzepte, die schon Kinder und Jugendliche an Kunst heranführen.

Adresse Konrad-Adenauer-Allee 46, 46049 Oberhausen, www.tiergehege-kaisergarten.de // ÖPNV Bus 956, 966, Haltestelle Schloss Oberhausen // Öffnungszeiten Brücke jederzeit zugänglich, Tiergehege im Kaisergarten: Sommerzeit 10–19 Uhr, Winterzeit 10–17 Uhr, Anmeldung zum Kidsclub unter Tel. 0208/3770612 // ab 0 Jahre

104_DIE BAUSPIELFARM

Spiel und Abenteuer für alle

Hier ist immer was los: Die Bauspielfarm in Recklinghausen öffnet unter der Woche täglich ihre Türen für alle, die Lust auf Spiel und Abenteuer haben. Hier dürfen Kinder einfach Kinder sein. Lautsein, Toben, Rennen, Klettern und Springen sind nicht nur erlaubt, sondern sogar erwünscht. Nebenbei können sich die Kinder kreativ ausleben, denn der große Bauspielbereich lädt zum Bauen und Konstruieren ein. Es entstehen kunstvolle Hütten und Hochstände aus Brettern, Nägeln und Bolzen.

Betreut werden die vielen Angebote vom Team des Vereins, der sich als offene Kinder- und Jugendeinrichtung versteht. Kinder ab sechs Jahre können die Bauspielfarm darum sogar allein besuchen. Aber auch elterliche Begleitung ist willkommen. Die vielen Kettcars und Baufahrzeuge, Klettergerüste, Schaukeln und Rutschen, das Trampolin sowie der barrierefreie Wasserspielplatz sind auch schon für kleinere Kinder echte Highlights.

Besondere Angebote wie Bogenschießen und Klettern im Hochseilgarten stehen vor allem während des Ferienprogramms auf dem Plan, aber auch sonst bemüht sich das Bauspielfarm-Team um ein abwechslungsreiches Programm. Kleine Gärtnerinnen und Gärtner dürfen sich zum Beispiel in der Gartengruppe engagieren, die sich um Hochbeete und das Gewächshaus kümmert. Und natürlich brauchen die Tiere auf der Bauspielfarm viel Pflege. Die Hühner und Schafe, vor allem aber die Esel Paul, Lisa und Pichenka werden von der Tierpflegerin versorgt, die sich über Unterstützung durch anwesende Kinder freut.

Adresse Lülfstraße 69, 45665 Recklinghausen, www.bauspielfarm-re.de // **ÖPNV** Bus 201, 213, 233, 234, Haltestelle Lülfstraße // **Öffnungszeiten** Sommer 14–19 Uhr, Winter 15–18 Uhr // ab 2 Jahre

TIPP: Direkt nebenan liegt das Naturfreibad Suderwich. Hier können große und kleine Besucher chlorfrei planschen, denn das Wasser des Badeteiches wird natürlich gereinigt.

105_DAS SPIELDORF ARGESTE

Leben wie im Mittelalter

Leben wie im Mittelalter – was für verwöhnte Eltern eher abschreckend klingt, ist für Kinder ein großes Abenteuer. Im Schwerter Spieldorf Argeste haben kleine Entdecker einmal im Jahr die Gelegenheit, so richtig einzutauchen in längst vergangene Zeiten. Authentische Kleidung, Speisen und Arbeiten inklusive.

Immer in den Herbstferien lädt das Histoteam des Elsebades zu den Historischen Spielen ein. Nachgespielt wird je ein konkretes geschichtliches Ereignis. Themen wie die durch die mittelalterliche Eiszeit ausgelöste große Flüchtlingswelle knüpfen dabei an Aktuelles an und sensibilisieren für gesellschaftliche Probleme und Lösungswege. Wie verhalten wir uns, wenn eine Flüchtlingsfamilie in unserem Dorf aufgenommen werden will? Was können wir über dem offenen Feuer kochen, damit alle satt werden? Und wer hackt das Holz für den Tonbrennofen? Gemeinsam finden Kinder und Betreuer Wege, die das Zusammenleben auch unter Mittelalterbedingungen erleichtern.

Die Gruppe bewohnt während der Spielzeit fünf historische Bauten aus Stein- oder Lehmfachwerk und kann sich an Handwerken wie Schmieden, Filzen, Nähen oder Bronzegießen versuchen. Hierzu gibt es auch jedes Jahr in den Osterferien eine Möglichkeit: Dann öffnet das Spieldorf Argeste tageweise – jeden Tag steht ein anderes Handwerk im Mittelpunkt und darf von Kindern und Eltern ausprobiert werden. Von außen kann das Dorf jederzeit besucht werden. Die Häuser öffnen jedoch nur zu den Spielzeiten oder an Aktionstagen.

TIPP: Das Spieldorf liegt auf dem Gelände des Elsebades, eines ehrenamtlich betriebenen historischen Freibades, das an warmen Tagen zum Schwimmen und Planschen einlädt.

Adresse Am Winkelstück 113, 58239 Schwerte (über die Brücke am Elsebach, hinter dem großen Schwimmbecken) // **ÖPNV** RB 35, Bus 138, Haltestelle Ergste Bahnhof // **Öffnungszeiten** Handwerksvorführungen in der 1. Osterferienwoche, Historische Spiele eine Woche in den Herbstferien, weitere Termine unter www.historisches-dorf-argeste.de // ab 6 Jahre

106_ DER WUCKENHOF

Kindergalerie und Fensterlesung

Kunst ist langweilig und nur was für Erwachsene? So ein Quatsch! Es kommt halt drauf an, wie man an Kunst herangeht. Angucken und bewundern – darauf haben Kinder meistens keine Lust. Aber selbst kreativ werden, eigene Ideen verwirklichen und dafür Raum und Unterstützung kriegen – das lässt den Funken überspringen. Oder eher: Der Funke entsteht ganz von selbst. Denn Kinder sprudeln nur so vor Ideen, wenn man sie denn machen lässt.

Machen lassen und dabei sensibel begleiten – das ist die Absicht des Wuckenhof-Teams, das seine Kindergalerie für alle Heranwachsenden öffnet, die selbst kreativ werden wollen. In den Ferienzeiten betreuen echte Künstlerinnen und Künstler die Kids, während die ihre eigenen Ausstellungen planen und gestalten. Themen können Ferienerlebnisse sein oder Weiterführungen von Schulprojekten, aber auch etwas völlig Neues und eigene Geschichten. So sind zum Beispiel schon eine gruselige Monster-Ausstellung oder eine ästhetische Schönschrift-Galerie entstanden. Auch besondere Termine wie das Europafest oder der 8. Mai als Tag der Befreiung vom Nationalsozialismus werden im Wuckenhof gern kreativ aufgegriffen.

In den Ferien findet mehrmals wöchentlich eine Fensterlesung statt. Schauspielerinnen und Schauspieler vom Schwerter Theater am Fluss lesen Geschichten am Fenster vor, während die kleinen und großen Zuhörer auf dem Platz vor dem alten Gebäude zuhören. Die Kinder dürfen dann sogar selbst in die Vorleser-Rolle schlüpfen.

Adresse Kötterbachstraße 2, 58239 Schwerte // **ÖPNV** Straßenbahn 208, Bus 138, Haltestelle Ruhrtalmuseum // **Öffnungszeiten** Termine unter www.derwuckenhof.de, Lesungen in den Sommerferien jeden Mo, Mi und Fr 18–18.30 Uhr // ab 6 Jahre

TIPP: Am Wuckenhof ist man nur einen kleinen Sprung vom Ruhrufer entfernt. Hier kann man schön spazieren gehen oder eine Kanutour machen, zum Beispiel beim Anbieter Lenne-Ruhr-Kanu-Tour.

107_DIE WALDSCHULE CAPPENBERG

Für Waldkobolde und Wildniskinder

In der Cappenberger Waldschule werden Kinder zu Cappenwichteln, Waldkobolden und Wildniskindern. Spätestens wenn die ersten warmen Frühlingssonnenstrahlen nach draußen locken, geht das Outdoor-Programm des Umweltbildungszentrums los. Und das ist richtig umfangreich! In wöchentlichen Kursen können schon Kinder ab eineinhalb Jahren in fachkundiger Begleitung der Waldlehrerinnen und -lehrer den Wald und die Natur entdecken. Das Ziel: die Umwelt mit allen Sinnen erfahren und ein Gespür für Klima, Natur und andere Lebewesen entwickeln.

Kinder unter sechs Jahren müssen von einer erwachsenen Bezugsperson begleitet werden. Das bietet viel Raum für schöne gemeinsame Erlebnisse. Schlechtes Wetter gibt es dabei (fast) nicht. Wetterfeste Kleidung sollte immer im Gepäck sein! Kinder über sechs Jahren dürfen auch allein an einem der Gruppenangebote teilnehmen.

Was dann erlebt wird, kommt ganz auf das Thema an. Manche Tagesworkshops widmen sich zum Beispiel Frosch, Kröte und Co., andere stellen das Thema Upcycling in den Fokus oder bringen Kindern und Eltern im Survivaltraining bei, wie man ohne moderne Hilfsmittel in der Wildnis überlebt.

Die Wochenkurse sind nach Alter gestaffelt, und ihre Inhalte orientieren sich an der jeweiligen Jahreszeit. So werden im Frühjahr Kräuter gesät oder Frühlingsboten gesucht. Im Sommer werden die Kräuter dann zu leckeren Dips verarbeitet, und der Ferienbeginn wird mit Lagerfeuer und Stockbrot gefeiert.

TIPP: Das Schloss Cappenberg ist ein sehenswertes ehemaliges Kloster in barocker Baukunst. Im Schlosspark steht ein alter Wasserturm, den man besteigen kann. Von oben hat man eine herrliche Aussicht.

Adresse Am Brauereiknapp 17, 59379 Selm-Cappenberg // **ÖPNV** Straßenbahn 634, Bus 530, R19, T19 und T53, Haltestelle Oberförsterei // **Öffnungszeiten** aktuelles Programm unter www.waldschulecappenberg.de // ab 4 Jahre

108_ DAS SCHIFFS-HEBEWERK

Kanalschifffahrt ahoi!

Im Ruhrgebiet versteht man sich darauf, Industrie, Kultur und Freizeitvergnügen zu verbinden. Maßgeblich daran beteiligt sind die LWL-Industriemuseen, die nicht nur das Erbe der Industriekultur für die erwachsene Nachwelt bewahren, sondern immer auch die kleinen Gäste im Blick haben. So gut wie jedes Industriemuseum wartet mit einem besonderen Highlight für Kinder auf. Im Schiffshebewerk Henrichenburg ist das – was könnte besser passen? – ein großer Wasserspielplatz.

Die Spielgeräte sind der Technik des Hebewerks nachempfunden: Auf einem Holzfloß kann man sich durch ein Schiffshebewerk im Miniaturformat ziehen und dabei eine Menge über Wasserkraft und Ingenieurskunst lernen. Das originale Schiffshebewerk, das 1899 vom preußischen Kaiser eröffnet wurde, war damals nämlich eine technische Neuerung. Erstmals konnten Schiffe mit bis zu 750 Tonnen Ladefähigkeit gehoben werden. Die Schiffe, die den Dortmund-Ems-Kanal passierten, überwanden mittels Hebewerk einen Höhenunterschied von 14 Metern.

Der Kanal war im vergangenen Jahrhundert neben der Eisenbahn die wichtigste Transportroute für Kohle, Erz und Stahl im Ruhrgebiet. Heute wird er nicht mehr so stark beschifft, und das Schiffshebewerk wurde mit der Zeit zu klein für den immer weiter ausgebauten Kanal. Im Museum kann man sich dafür nun in längst vergangene Zeiten zurückdenken. Der Schleusenpark ist kostenfrei zugänglich, und es gibt eine App für einen spielerischen Rundgang (ab circa 6 Jahre).

TIPP: Der Moselbachpark in Waltrop wurde 2020 für knapp zwei Millionen Euro verschönert, unter anderem mit neuen Spielplätzen, Wegen und Outdoor-Fitness-Elementen. Hier gibt es auch eine »Dirt Bike Anlage«, in der man mit Mountainbike oder sportlichem Fahrrad richtig Gas geben kann.

Adresse Am Hebewerk 26, 45731 Waltrop, www.schiffshebewerk-henrichenburg.lwl.org // **ÖPNV** Bus 231, Haltestelle Am alten Hebewerk // **Öffnungszeiten** Di–So und Feiertage 10–18 Uhr // ab 4 Jahre

109_DIE HEGESTRASSE

Die steilste Straße des Ruhrgebiets

Höher, schneller, größer, weiter – Extreme machen einfach Spaß. Wie wäre es also mit steil, steiler, am steilsten? Im südöstlichen Ruhrgebiet liegt, glaubt man verschiedenen Quellen, die steilste innerörtliche Straße Deutschlands. Das kleine Örtchen Wetter kann sich mit diesem besonderen Superlativ schmücken.

Von der Hagener Straße (B 226) kommend, geht es etwa einen Kilometer lang richtig steil bergauf. Bis zu 25 Prozent Steigung hat das kleine Sträßchen, dessen Seiten dicht bebaut sind. Wer hier wohnt, genießt garantiert eine schöne Aussicht! Auch von der Straße selbst hat man immer wieder eine nette Fernsicht, wenn gerade mal kein Haus im Weg steht.

Als Ortsfremder mit dem Auto hier hochzufahren wäre zwar bequem, ist aber nicht erlaubt. Am Anfang der Straße steht ein »Anlieger frei«-Schild. Wer den Aufstieg zu Fuß auf sich nimmt, wird oben mit einem schönen kleinen Marktplatz belohnt, auf dem man sich ausruhen kann. Eine Vollkornbäckerei mit angeschlossenem Bioladen verkauft hier auch Kaffee und leckeres Gebäck.

Bergab geht es dann wieder leichter – aber leider nicht auf zwei Rädern. Radfahren ist nicht erlaubt, denn die Straße ist nicht sehr breit, und in den Kurven könnten entgegenkommende Autos überraschen. Die fahren aber zum Glück meist eh vorausschauend und langsam, da hier durchaus auch mal Kinder in Straßennähe spielen.

TIPP: In Wetter, genauer gesagt zwischen den Städten Wetter, Herdecke und Hagen, liegt einer der schönsten Stauseen des Ruhrgebiets. Am Harkortsee kann man Kanu fahren und rudern oder einfach das Freibad besuchen.

Adresse 58300 Wetter // ÖPNV Bus 553, 555, 584, Haltestelle Volmarstein Sparkasse // ab 6 Jahre

110_DER HOHENSTEIN

Streichelzoo und Wildgehege

Bei Wanderern ist der Hohenstein in Witten als schöner Aussichtspunkt bekannt. Vom 1903 errichteten Berger-Denkmal hat man den besten Blick über das Ruhrtal, das sich am Fuße der Hohensteiner Felswand erstreckt. Für Familien mit Kindern ist die weitläufige Parkanlage am Hohenstein aber vor allem wegen der Tiere ein beliebtes Ausflugsziel.

Im Wildgehege tummeln sich Damhirsche auf der einen und Wildschweine auf der anderen Seite. Wenn die Schweine Nachwuchs haben, hört man das durchdringende Grunzen der Frischlinge schon von Weitem. Die Futterautomaten nehmen nur Ein-Euro-Münzen – wer die Tiere füttern will, sollte also passendes Kleingeld im Gepäck haben. Im Streichelzoo darf man den Tieren ganz nah kommen. Hier freuen sich domestizierte Haustiere wie Ziegen und Schafe über Streicheleinheiten.

Die Parkanlage punktet außerdem mit einem großen Spielplatz und einer Liegewiese, die zum Picknicken einlädt. Ein Naturlehrpfad und ein Bienenlehrstand erklären Kindern und Erwachsenen die heimische Natur. Mit älteren Kindern kann man sich auch auf einen von vier Rundwanderwegen trauen. Der längste heißt »Drei Türme« und umfasst stolze 13,5 Kilometer. Die kürzeste Route ist gerade einmal drei Kilometer lang und eignet sich auch für Spaziergänge mit kleineren Kindern.

Zur Einkehr lädt das Hotel Haus Hohenstein, das bei schönem Wetter seine Terrasse öffnet. Zur Selbstverpflegung gibt es in der Parkanlage auch Grillmöglichkeiten, die jedoch vorab über die Stadt reserviert werden müssen.

TIPP: In Witten kann man mit einer ganz besonderen Fähre fahren: Die Ruhrtalfähre wird elektrisch betrieben und pendelt zwischen der Schleuse Herbede und der Burgruine Hardenstein.

Adresse Hohenstein 30, 58453 Witten // ÖPNV Bus 376, Haltestelle Bruchschule, von dort circa 30 Minuten zu Fuß // Anfahrt A 43, Ausfahrt Witten-Heven, auf B 226 Richtung Witten-Heven, links abbiegen auf Wetterstraße/Hohenstein // Öffnungszeiten Streichelzoo: Sommer täglich 10–17 Uhr, Winter täglich 10–16 Uhr, Wildgehege immer zugänglich // ab 0 Jahre

111_DIE ZECHE NACHTIGALL

Rein in den Stollen!

Helm auf, Jacke zu und dann rein in den Stollen! Auf Zeche Nachtigall heißt das: Es geht nicht »unter Tage«, sondern einfach geradeaus. Hier kann live nachempfunden werden, wie die Anfänge des Kohleabbaus aussahen, als man noch nicht in die Tiefe graben musste, sondern die Kohle direkt unter der Erde fand. Der Teil der Zeche, der besichtigt werden kann, stellt eine sogenannte Stollenzeche dar. Mit dem Gästeführer geht es waagrecht in den Stollen hinein, so lange, bis man aufs Flöz trifft. Im Flöz, also dem Bereich mit der Kohleschicht, ist eine Abbausituation dargestellt, wie man sie ungefähr in den 1950er Jahren angetroffen hätte.

Kinder haben im Besucherstollen einen klaren Vorteil: Bei einer Stollenhöhe von nur 1,50 bis 1,80 Meter müssen sie kaum den Kopf einziehen. Da haben es Mama oder Papa unbequemer! Festes Schuhwerk und warme Kleidung sind zu empfehlen. Der Boden kann uneben sein, und die Temperatur liegt ganzjährig bei etwa zehn bis zwölf Grad. Was der Stollen nicht unbedingt verrät: Zeche Nachtigall war früher eine der ersten Tiefbauzechen. Bis zu ihrer Stilllegung im Jahr 1892 wurde hier in bis zu 450 Metern Tiefe Kohle abgebaut.

TIPP: Man kann auch mit der Eisenbahn zur Zeche Nachtigall reisen. Die historische Muttenthalbahn fährt vom Parkplatz Nachtigallstraße über das Gruben- und Feldbahnmuseum Zeche Theresia bis zum Industriemuseum Zeche Nachtigall.

Nach der Besichtigung lockt bei schönem Wetter der Wasserspielplatz, der dem Wassertransportweg der Ruhr nachempfunden ist. Hier können Staudämme gebaut und Boote geschleust werden. Zum Spielen und Klettern gibt es ein Holzpferd, ein Spielschiff und ein kleines Kletternetz.

Adresse Nachtigallstraße 35, 58452 Witten, www.zeche-nachtigall.lwl.org // ÖPNV RB 40, RE 16, S 5 bis Witten Hauptbahnhof, von dort knapp 2 Kilometer zu Fuß // Anfahrt A 43, Ausfahrt Witten-Heven, auf B 226 Richtung Witten-Heven, rechts in Ruhrstraße, dann rechts in Nachtigallstraße // Öffnungszeiten Di–So und Feiertage 10–18 Uhr, Führungen unter der Woche alle zwei Stunden, am Wochenende stündlich, jeden 2. Sa im Monat »Zechensafari« // ab 6 Jahre

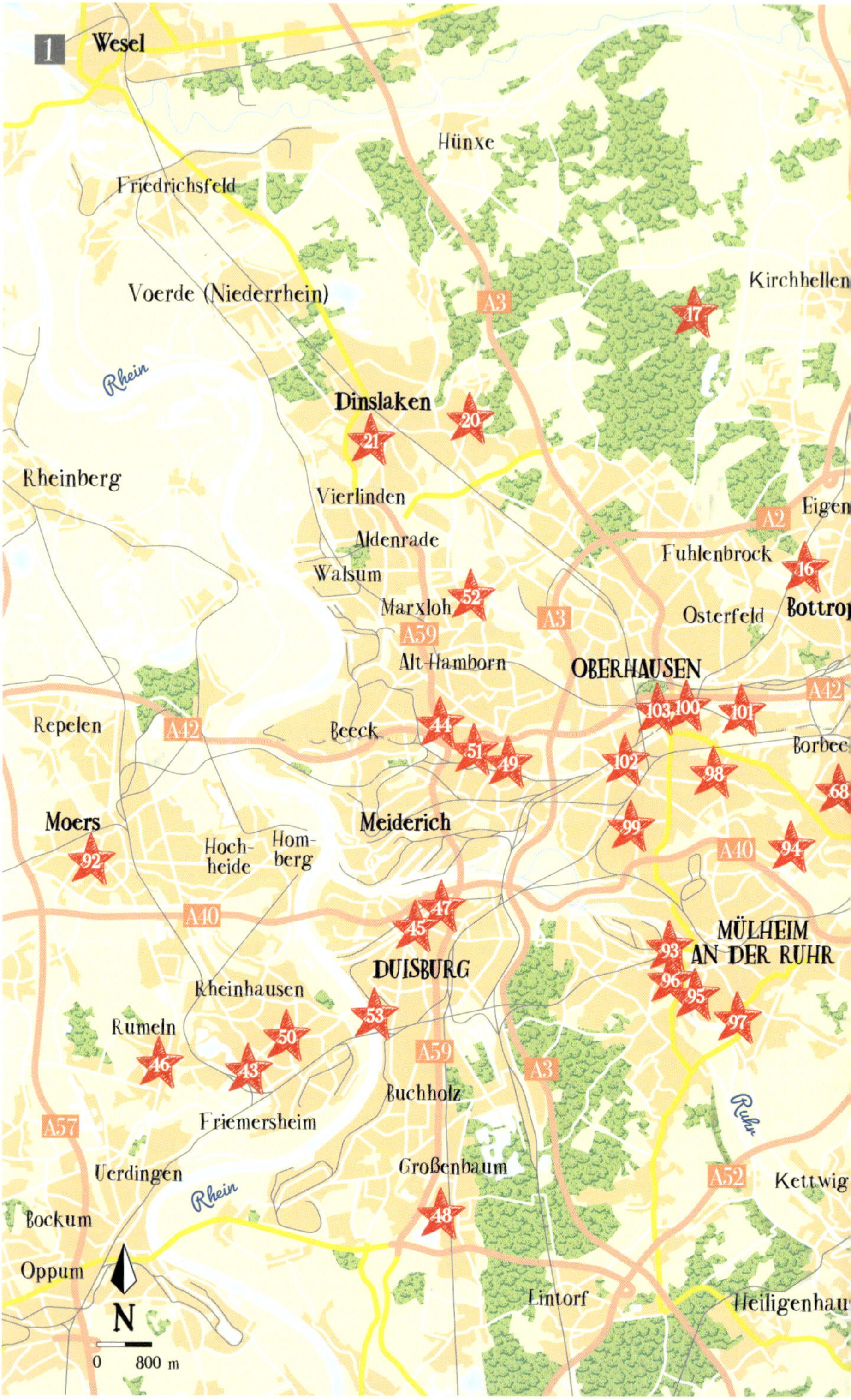

1
Wesel
Hünxe
Friedrichsfeld
Voerde (Niederrhein)
Kirchhellen
Rhein
Dinslaken
Rheinberg
Vierlinden
Aldenrade
Walsum
Marxloh
Fuhlenbrock
Osterfeld
Bottrop
Eigen
Alt-Hamborn
OBERHAUSEN
Repelen
Beeck
Borbeck
Moers
Meiderich
Hoch-
heide
Hom-
berg
MÜLHEIM
AN DER RUHR
DUISBURG
Rheinhausen
Rumeln
Buchholz
Friemersheim
Ruhr
Großenbaum
Uerdingen
Kettwig
Rhein
Bockum
Oppum
Lintorf
Heiligenhau
N
0
800 m
A3
A2
A59
A42
A40
A57
A52
17
20
21
16
52
103
100
101
44
51
49
102
98
68
92
99
94
47
45
93
96
95
97
53
50
46
43
48

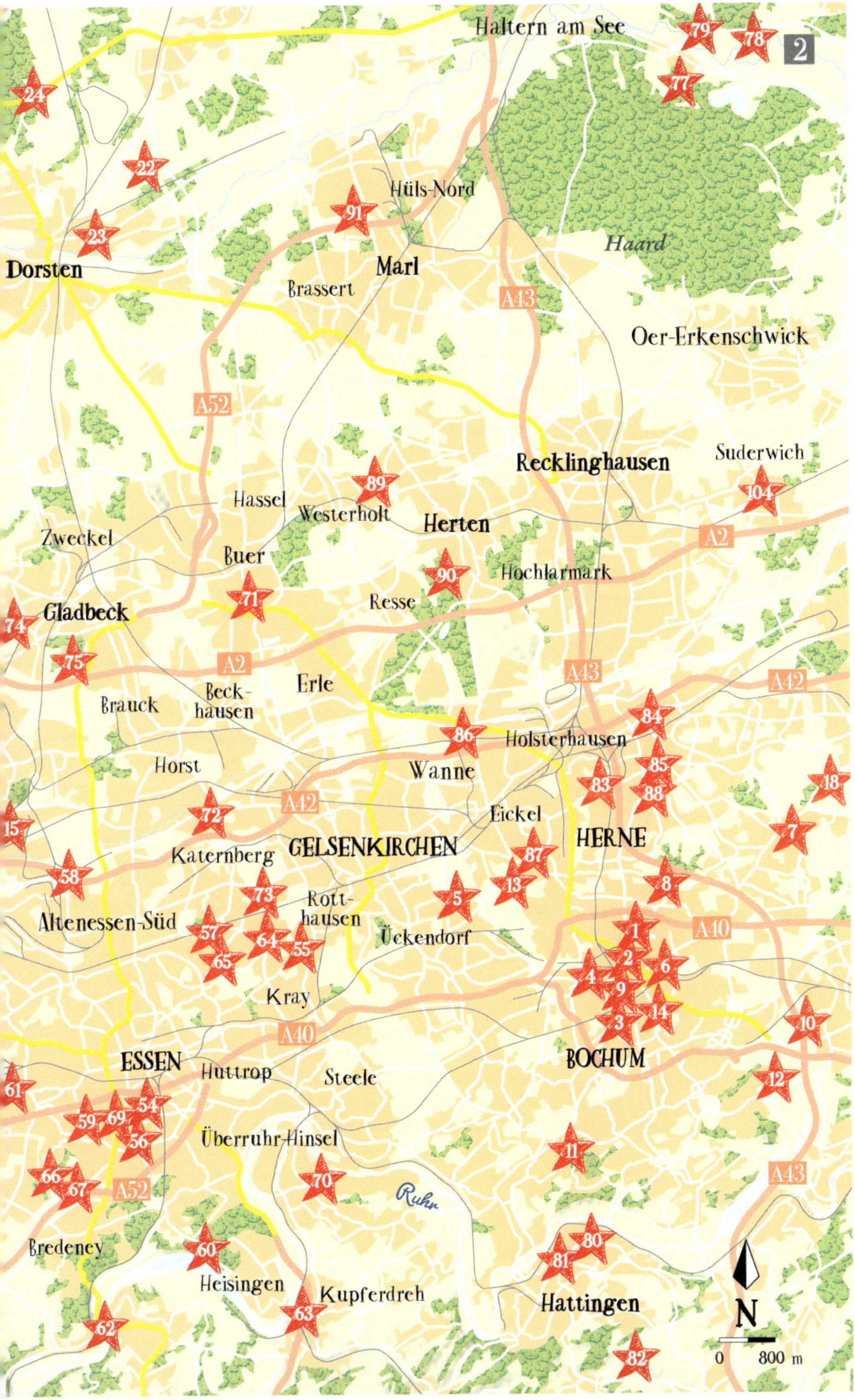
2
Haltern am See
Haard
Oer-Erkenschwick
Hüls-Nord
Marl
Brassert
Dorsten
A43
A52
Recklinghausen
Suderwich
Hassel
Westerholt
Herten
Zweckel
Buer
Hochlarmark
A2
Resse
Gladbeck
Erle
Beck-
hausen
Brauck
Holsterhausen
A42
Wanne
Horst
Eickel
HERNE
Katernberg
GELSENKIRCHEN
Rott-
hausen
Altenessen-Süd
Ückendorf
A40
Kray
ESSEN
Huttrop
Steele
BOCHUM
Überruhr-Hinsel
Ruhr
Bredeney
Heisingen
Kupferdreh
Hattingen
N
0
800 m
1
2
3
4
5
6
7
8
9
10
11
12
13
14
15
18
22
23
24
54
55
56
57
58
59
60
61
62
63
64
65
66
67
69
70
71
72
73
74
75
77
78
79
80
81
82
83
84
85
86
87
88
89
90
91
104

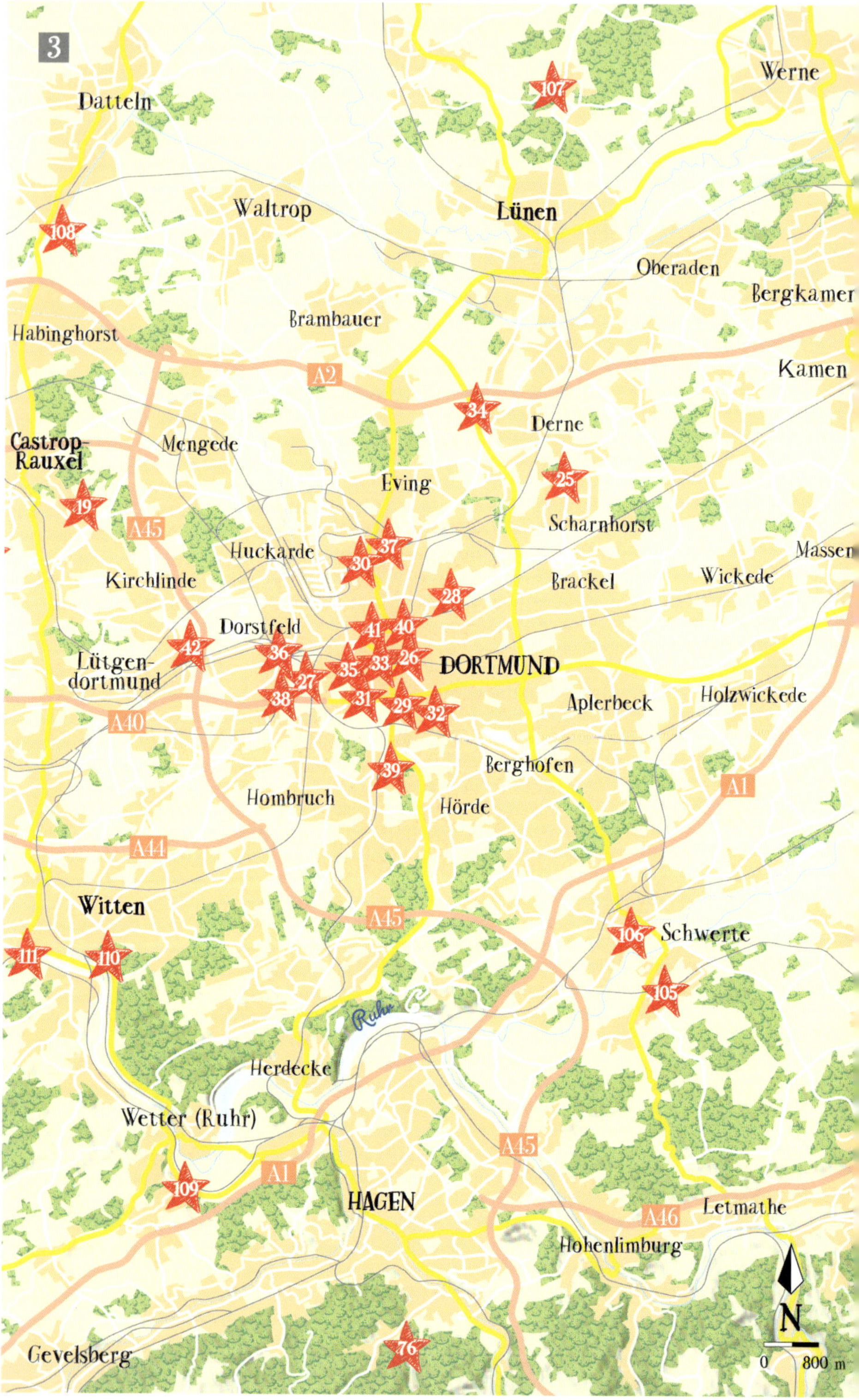
3
Datteln
Werne
Waltrop
Lünen
Oberaden
Bergkamen
Brambauer
Habinghorst
A2
Kamen
Derne
Castrop-Rauxel
Mengede
Eving
Scharnhorst
A45
Huckarde
Massen
Kirchlinde
Brackel
Wickede
Dorstfeld
Lütgendortmund
DORTMUND
Aplerbeck
Holzwickede
A40
Berghofen
Hombruch
Hörde
A1
A44
Witten
A45
Schwerte
Ruhr
Herdecke
Wetter (Ruhr)
A45
A1
HAGEN
Letmathe
A46
Hohenlimburg
N
Gevelsberg
0
800 m
107
108
34
25
19
37
30
28
41
40
42
36
33
26
35
27
38
31
29
32
39
106
111
110
105
109
76

Meike Spanner,
Stephan Hollich
111 Orte für Kinder in Ostfriesland, die man gesehen haben muss
ISBN 978-3-7408-1095-5

Sina Beerwald
111 Orte für Kinder auf Sylt, die man gesehen haben muss
ISBN 978-3-7408-0840-2

Katja Josteit
111 Orte für Kinder in Kiel, die man gesehen haben muss
ISBN 978-3-7408-0641-5

Alexandra Schlennstedt,
Jost Schlennstedt
111 Orte für Kinder in und um Lübeck, die man gesehen haben muss
ISBN 978-3-7408-0845-7

Daniela Clément
111 Orte für Kinder in Hamburg, die man gesehen haben muss
ISBN 978-3-7408-1519-6

Isa Grütering,
Natascha Korol,
Theresia Koch
111 Orte für Kinder in Berlin, die man gesehen haben muss
ISBN 978-3-7408-1546-2

Janine Eck,
Kristina Offermann
111 Orte für Kinder in Potsdam und Brandenburg, die man gesehen haben muss
ISBN 978-3-7408-0977-5

Cornelia Kuhnert,
Günter Krüger
111 Orte für Kinder in und um Hannover, die man gesehen haben muss
ISBN 978-3-7408-1293-5

Martin Berke, Nina Fandler
111 Orte für Kinder in und um Düsseldorf, die man gesehen haben muss
ISBN 978-3-7408-0972-0

Christina Bacher,
Norbert Breidenstein
111 Orte für Kinder in Köln, die man gesehen haben muss
ISBN 978-3-7408-1308-6

Julia Tzschätzsch
111 Orte für Kinder in Frankfurt, die man gesehen haben muss
ISBN 978-3-7408-0686-6

Charlotte Mohs
111 Orte für Kinder in Mainz, die man gesehen haben muss
ISBN 978-3-7408-0665-1

Julia Schönborn
111 Orte für Kinder in Heidelberg, die man gesehen haben muss
ISBN 978-3-7408-0989-8

Franziska Lô
111 Orte für Kinder in und um Stuttgart, die man gesehen haben muss
ISBN 978-3-7408-1542-4

Nadine Luck
111 Orte für Kinder in und um Bamberg, die man gesehen haben muss
SBN 978-3-7408-1075-7

Anke Landleiter
111 Orte für Kinder in Nürnberg, die man gesehen haben muss
ISBN 978-3-7408-0852-5

Florian Kinast
111 Orte für Kinder in München, die man gesehen haben muss
ISBN 978-3-7408-1391-8

Veronika Wengert
111 Orte für Kinder in und um Augsburg, die man gesehen haben muss
ISBN 978-3-7408-1079-5

Priska Lachmann
111 Orte für Kinder in Leipzig, die man gesehen haben muss
ISBN 978-3-7408-1392-5

Jenny Menzel
111 Orte für Kinder in Dresden, die man gesehen haben muss
ISBN 978-3-7408-0837-2

Simone Hausladen
111 Orte für Kinder in Zürich, die man gesehen haben muss
ISBN 978-3-7408-0988-1

Bernadette Németh
111 Orte für Kinder in Wien, die man gesehen haben muss
ISBN 978-3-7408-1390-1

Anja Fischer
111 Orte für Kinder in Salzburg, die man gesehen haben muss
ISBN 978-3-7408-1080-1

Anna Sophie Pietsch ist freie Texterin, Bloggerin und Yogalehrerin. Nach Episoden in Bordeaux, Berlin, Frankfurt (Oder), Sofia, Nizza und Düsseldorf lebt die gebürtige Oberhausenerin mit ihrem Mann und den gemeinsamen drei Kindern heute wieder da, wo ihr Herz schlägt: mitten im Ruhrgebiet.